청소년을 위한

작사가가
되는 길

LYRICIST

청소년을 위한
작사가가 되는 길

ⓒ한경혜 2019

초판 1쇄 발행 2019년 7월 27일

글 한경혜

펴낸곳 도서출판 가쎄 [제 302-2005-00062호]

주소 서울 용산구 이촌로 224, 609
전화 070. 7553. 1783 / 팩스 02. 749. 6911
ISBN 978-89-93489-86-6 43190
값 13,800 원

www.gasse.co.kr
berlin@gasse.co.kr

청소년을 위한

———

작사가가
되는 길

LYRICIST

한경혜 지음

gasse·가쎄

차례

차례

차례

노래로 부를 수 있도록 쓰인 가사는
언어로써 음악 안에서 익어가게 마련이다.
용어도 익어가길,
그리하여 이 책을 읽는 독자 여러분들
개개인에게 구체적이고 실제적인 수업으로
도움이 되길 바란다.

책 머리에

여러 인터뷰에서 밝혔듯이 작사가로 데뷔하기까지 7년의 세월이 걸렸다. 아무도 내 가사를 써주지 않았고 아무도 내게 가사 쓰는 법을 가르쳐주지 않았다. 무엇이 잘못됐는지 모른 채 퇴짜 맞고 돌아와 고쳐 쓰고, 새로 썼다. 그렇게 쓴 것이 모이면 다시 작곡가와 제작사, 매니저 등 희망이 되어줄 어디든 문을 두드렸다. ('찾아다녔다'를 '문을 두드렸다'로 표현하는 것은 일상어로 굳은 '체계적 메타포'에 해당한다.)

"글은 좋은데 노래로 부를 수 없다."

그들이 내게 건넸던 말은 대개 하나의 문장으로 요약됐다. 이해할 수 없었다. 글이 좋으면 노래로 부를 수 있어야 하는 거 아닌가, 의문은 작사가로 데뷔하면서 풀렸다. 가사는 음악을 언어로 해석해서, 작곡 의도를 해치지 않고 노래 부를 수 있도록 써야 한다. 음악이 제2의 문법이 되고, 소재가 되고, 주제가 된다. 쓰고 싶은 단어,

문장을 마음대로 쓸 수 없는 '제한된 글쓰기'의 복합장르 문학인 것이다.

시인의 언어로 창조된 노랫말을 부르던 시대는 폐기됐다. 음악의 메커니즘은 전자악기의 발달로 리듬 중심으로 넘어갔다. 멜로디를 먼저 만들고 악기를 입혀 데모 음악을 만들면 작사가는 음악을 언어로 해석하여 전달하는 전달자의 위치에 섰다. 음악이 품고 있는 세계를 언어를 도구로 사용하여 전달하는 일은 매우 까다롭다. 음악은 다양한 형태로 작사가에게 말을 거는데 음악 장르마다 다른 몸집의 언어를 품고 있기 때문이다. 작사가는 장르에 맞는 언술 행위를 골라 언어를 배열해야 한다. 귀를 열고 오감을 자극하여 울림에 끌어들여야 한다.

통속적으로 소통하는 가사 문학은 노래로 부를 수 있을 때 유효하다.

작사가가 되기를 꿈꾸던 시절, 어디를 어떻게 고쳐야 하는지도 모른 채 고치고 쓰고 고치고 새로 쓰고… 7년 동안 꾸역꾸역 가사 쓰기를 되풀이했다. 닥치는 대로 참고할 만한 책을 읽고 쓰면서 누군가 알려줬어야만

했을 것들에 눈떠갔다. 이후 쓰면서 알게 된 것들을 가르치기 시작했다. 가르치기 위해 배웠고, 가르치면서 배웠다. 그 덕에 차츰 더 많은 것을 가르칠 수 있게 되었다. 가르치지 못한 것을 새로 알게 될 때면 학생들을 집으로 불러들여 보충하여 가르치기도 했다.

꽤 오래전부터 '가사 작법' 책을 내자는 제안을 받았으나 선뜻 응할 수 없었다. 나날이 새로 알아가는 것이 있었으므로 책을 다 쓰고 나서 알게 될 무엇이 원고에서 빠지는 게 두려웠다. 아는 것만큼 쓸 수 있었으나 절반의 작법 책을 내놓을 수 없었다. 원고의 절반을 수필과 삽화로 채우고 <작사가가 되는 길> 제목을 버젓이 달 면목이 없었다. 수필을 겸한 이론서라고 내놓기에 책의 정체성을 책임질 수도 없었다. 물론 지금도 나는 무엇을 모르는지 모른다. 다만 모르는 것이 아는 것보다 적다는 것은 확증할 수 있는 사실이다. 그러기에 용기를 냈다.

이 책은 수년간 학생들과 수업했던 작품들을 어떻게 수정하도록 첨삭해왔는지, 그 사례를 보여줌으로써 가사 쓰기의 이해를 돕는 가사창작 실기 이론서가 될 것이다. 발표된 가사들과 미발표된 습작품들을 놓고 '왜', '어떻게' 고쳐야 하는지 비평과 합평을 아울렀다. 답습하는 형태들은 유형화되어 있다. 문장에 가장 기초가 되는 인칭과 종결어미의 불일치부터 비문의 난립, 중복 진술, 기계적 문장, 거리 유지에 실패한 발설, 실종된 창작 의도 등이다. 이러한 부분들을 알아내어 고쳐 쓰지 않고는 작품을 퇴고하는데 이를 수 없다.

지면에 인용된 가사들은 내 작품 외에 본문을 싣지 않는다. 발표된 가사는 얼마든지 구해서 알아볼 수 있을 것이므로 지면을 늘이지 않는 것을 택했다. 저작권이 문제가 되기도 했다. 제목엔 저작권이 없으므로 제목을 달아 비평했다. 볼 줄 알아야 쓸 줄 알기 때문이다.

가사를 쓰면서 시를 썼다. 소설을 쓰기도 했고, 열 씬 미만의 초미니 독립영화 시나리오를 쓰기도 했다. 음악이 다양한 형태의 몸집을 하고 언술 행위를 주도했다. 그에 따라 카피도 썼다. 수필도 썼고 콩트도 썼다. 개개의 작품마다 장르가 규정되었고 그에 따른 장르 용어로 합평과 비평을 넘나들었다.

시, 소설, 영화, 드라마, 수필 등 상위문학은 물론 하위문학을 포함한 모든 문학과 문화에는 고유의 용어가 있다. 교과서와도 같은 길라잡이 책이 있다. 수많은 비평과 인문학, 철학이 그 역할을 해왔다. 용어는 쉽게 현상을 이해하는 도구가 된다. 가사에는 이러한 전문적인 용어를 사용한 비평집이나 이론서가 보이지 않았다. 장정일의 말을 인용해 보자면, "내가 읽지 않은 가사 작법 책은 세상에 없는 책"이다. 내 눈에 띄길 바랐으나 아직 발견하지 못했다. 그러므로 아직 내 세상에선 '가사 비평서'는 물론 온전한 '가사 작법' 책은 존재하지 않는다.

　가르치면서 사용할 용어들이 없었다. 느낌이 안 맞아. 어려워. 노래 부르는 데 뭔가 불편해. 추상적인 말로 고쳐쓰기를 권할 수 없었다. 기승전결이나 발단-전개-절정-위기-결말의 국어 시간 식으로 가르칠 수도 없었다. 가사 문학은 조금 더 특수하여 음악과 국어를 더한 무엇으로, 적확하고도 구체적인 창작 행위를 끌어내야 했다. 시와 소설, 영화, 문화, 비평 용어를 적용하여 가르치니 설명이 명징해졌다. 수업도 수월해졌다. 하여 이 책은 가르치면서 설명했던 방식 그대로 용어를 정리했다.

가사 쓰기는 결국 언어라는 알레고리를 통해 언어가 스스로 '노래'하도록 하는 행위이다. 다시 말해 언어를 다루는 모든 장르는 문학으로 귀결된다는 뜻이다. 그렇기에 용어를 보태거나 비틀어서 명하는 것이 온당해 보였다. 이 책을 통해 가사 비평에 규범적 표기가 이루어지길 기대한다. 노래로 부를 수 있도록 쓰인 가사는 언어로써 음악 안에서 익어가게 마련이다. 용어도 익어가길, 그리하여 이 책을 읽는 독자 여러분들 개개인에게 구체적이고 실제적인 수업으로 도움이 되길 바란다.

이 책에 미처 싣지 못한 '문장론' 수업이 마음에 걸린다. 문장은 독서 후 토론과 해석을 곁들여 바로 고치고 확인해야 한다. 고친 문장을 어떻게 음악에 넣어 가사로 쓸 것인지, 구상의 방식으로 초고를 쓴다. 구상한 초고를 놓고 음악을 정한 뒤 가사로 장르 변환해서 실제적인 초고를 다시 쓴다. 처음 의도한 주제와 소재가 변형되지 않은 채 음악에 어우러지도록 쓰는, 이 과정이야말로 문장을 단단하게 하는 동시에 고유의 문체를 만드는 과정이다. 그러나 학생들과 진행했던 방식으로 원고를 신기엔 한계가 뚜렷했다. 아직 원고로 가르치는 법을 깨우치지 못한 내 부족 탓이다.

이 책을 위해 자료를 보태주고 퇴고의 수고를 더해준 임혜진, 문이영, 송혜원, 윤성지 네 명의 제자이자 후배인 작사가와 처음 가사를 쓰기 시작할 때 가사는 결국 음악이라는 옷을 입고 시(詩) 쓰는 행위가 아니겠냐고, 오규원 선생님의 <현대시작법> 책을 안겨준 황인숙 시인에게 특별히 고마움을 전한다.

———

참고도서

오규원 <현대시작법>

전상국 <당신도 소설을 쓸 수 있다>

이오덕 <우리 글 바로 쓰기>

로버트 맥기 <시나리오 어떻게 쓸 것인가>

사이드 필드 <시나리오란 무엇인가>

로만 야콥슨 <문학 속의 언어학>

—

1. 가사나 써볼까?

—

—

나는 이 책에서

누구나 쓰는 가사가 아닌, 좋은 가사 쓰는 법을

이야기하기로 했다.

- 작법에 어긋난 문장은 문장이 아니다. 중에서

—

1. 음악을 모국어로 해석하는 일, 가사 쓰기

- 가사는 체험과 상상이 음악과 결합하는 일이다.

노래로 부를 수 있어야 한다.

흔히들 말한다. 가사나 써볼까? 하고. 가사 **'나'**라는 말 속엔 장르에 대해 손쉽게 접근할 수 있다는 만만함이 내재 되어 있다. 과연 만만한가? 물론 만만하다. 이 말은 과장 없이 사실이다. 누구나 만만히 접근하여 손쉽게 쓸 수 있다. 가사는 그렇다. 한 번쯤 사랑해 본 사람이라면 더 쉽게 쓸 수 있다. 연일 쏟아지는 대중가요 가사의 대부분이 사랑 노래이고 보면 쉽게 동의가 될 것이다. 경험/체험이야말로 가장 좋은 글감이므로 그렇다.

그러니 "누구라도 가사를 쓸 수 있다. 다만 이 과정에서 좋은 가사와 좋지 않은 가사가 구별된다."[1] 누구나 쓸 수 있지만, 누구나 좋은 가사를 쓸 수 있진 않다는 뜻이다. 음악적 감수성이 풍부하고 문학에 대한 이해가 충분히 마련되어 있다 해도 그렇다. 가사를 쓰는 일은 음악의 쉼표와 마침표, 호흡을 이해하는 '청음(聽音)'이라는 또 다른 기능을 요구하기 때문이다. 노벨문학상을 받은 시(詩)도, 소설 속 아름다운 문장도, 인류의 길라잡이가 되어 온 명언과 격언, 철학도 음악과 결합하지 못하면 가사로썬 무용하다.

문학이자 음악이 되는 가사는 **노래로 부를 수 있을 때** 비로소 유효한 글이 된다.

쉬울수록 좋다.

그렇다면 좋은 가사는 어떤 것이고, 좋지 않은 가사는 어떤 것인가?

이 질문에 쉽사리 답할 수 있는 작사가는 별로 많지 않을 것이다. 글과 음악은 취향의 문제로 분류되는 장르

---

1) 오규원著 <현대시작법> 오마주

이기 때문이다. 표음문학과 표기문학의 조화를 이해하기 쉽게 설명하는 것은 매우 어려운 일이기도 하다. 개인적인 대답을 해보자면 좋은 가사는 소리로 전달받는 음악과 눈으로 전달받는 가사의 조화가 딱 맞아떨어진 상태의 것이라고 할 수 있겠다. 그러면 여기서 또 질문이 나온다. 조화를 이룬 것을 어찌 아느냐고. 작곡가가 곡을 쓰면서 전달하고자 했던 '이미지=의도'가 가사로 잘 구현된 것을 조화로운 상태라고 할 수 있겠다. 이때 명심해야 할 것은 첫째도, 둘째도 **쉬울 것**이라는 점이다.

쉽게 써야 한다는 말은 고민의 무게나 작품의 두께가 헐거워야 한다는 뜻이 아니다. 입에 붙는다면야 문장의 구조쯤 무시하고 써도 된다는 뜻도 아니다. 언어/언술의 수위를 맞춰 지배적 인상을 구축하는 기초적인 규칙은 지켜야 한다. 인물/캐릭터를 완성하여 그 캐릭터를 통해 주제를 드러내는 방식 역시 지켜야 한다. 쓰는 사람이 쉬운 게 아니라 듣는 사람이 쉬워야 한다는 뜻이다. 가사는 먼저 귀로 읽기 때문에 내용이 쉽게 전달되어야 한다.

담백하게 쓰라.

처음 가사를 쓰는 작사가 지망생들이 과욕의 참사로 글을 망치는 것을 자주 보아왔다. 하고 싶은 말을 담백하게 전달하는 대신 글솜씨를 자랑하고 싶은 욕망에 멋을 부리거나[=외화(外華)성 언어], 지적 인식 없이 아포리즘을 철학적 언어로 풀어 놓거나[=현학취(衒學取)], 관습적으로 써왔던 문장[=기계취(器械取)]들을 답습하여 흉내 내게 된다. 그로 인해 주제와 작의는 사라지고 엉뚱한 문장만 남는 경우가 생긴다. 아이러니하게도 잔뜩 멋을 부린 글인데 문장으로 완성되지 않았거나 내용 없이 부실하다. 비문(非文)·오문(誤文)의 난립을 보자면 한글을 엉망으로 망가뜨린 채 작품이랍시고 끝맺음한 게 용할 지경이다. 형식은 탈 장르 됐으니 가사라고 부르기 민망하다.

기억하라. 멋을 부린 문장은 절대 멋있지 않다.

제한된 글쓰기를 이해하라.

가사는 작곡 완료된 멜로디에 글을 붙이는 **제한된 글쓰기**의 문학이다. 정해진 멜로디 안에, 음악의 구성대로,

진술하고자 하는 모든 이야기를 음표에 맞게 써야 한다. 듣는 것만으로 작품의 주제를 알아챌 수 있도록 써야 한다. 음악이 함의하고 있는 세계관을 글로 해석하여 멜로디에 얹어 노래할 수 있도록 하는 것, 그것이 가사의 가장 기본적인 작법이다.

처음이라 그래 며칠 뒤엔 괜찮아져 그 생각만으로 벌써 일 년이
너와 만든 기념일마다 슬픔은 나를 찾아와

- 브라운아이즈 <벌써 일 년> 중

여러분들은 위의 글을 흥얼흥얼하며 읽었을 것이다. 멜로디로 기억하는 가사는 읽히지 않고 불리는 것으로 독서 된다. 발표된 <벌써 일 년>은 음악의 쉼표와 마침표, 구성에 따라 글자 수를 맞춰 쓴 가사이다.

데모 음악에 가수들이 각각 자기가 부를 파트를 한 음, 한 음 짚으며 허밍으로 노래해 줬다. 그 느낌을 우선 해석했다. 음악 장르와 데모 음악에 가이드로 불러놓은 가수의 창법, 보컬 톤은 음악을 해석하는데 우선하는 참고 사항이 된다. 음악이 말을 걸어오는 것을 끼적이는

동안 멜로디를 익혔다. 그리고 노래 부를 수 있도록 썼다. 그런데 만약 아랫글처럼 바꾼다면 노래할 수 있을까?

시간이 기억을 데려갈 거라던 너의 말은 힘 못 쓴 채 벌써 일 년이 숨처럼 너는 떠올랐고 난 아직도 너여야 해

예문 1

이따금씩 넌 날 울렸지 거리에 떠도는 말이 네 목소리라서 그리운 사람 오직 한 명 너뿐이라서 눈물 바람으로 또 하루

예문 2

위의 내용을 설명하기 가장 빠른 문장이 있다. "아버지가방에들어가신다."이다. 아버지가 방에 들어간 건지, 아버지 가방에 들어간 건지, 작가가 띄어쓰기한 대로 우리는 문장을 이해하여 독서한다. 음악도 그렇다.

음악의 띄어쓰기는 문장의 띄어쓰기가 된다.

3/4박자의 곡을 예로 들어보자. 한 마디 안에 세 박자로

길게 빼서 끝 음을 처리해 부르면 한 글자, 한 박자씩 정박으로 부르면 세 글자, 한 박자는 정박으로 부르고 두 박자는 음을 끌어 부르면 두 글자, 반 박자로 모두 나누어 부르면 여섯 글자 등 한 마디 안에 쓸 수 있는 글자는 제한적이다. 작곡가의 의도대로 최소 한 글자에서 최대 여섯 글자 내외의 그 음표를 알아듣는 일, 음악의 띄어쓰기를 이해하여 듣는 일, 그리하여 제한된 글자 수 안에서 문장을 완성하는 일이 가사 쓰기이다.

　<벌써 일 년>을 개사한 예문 1의 전체 글자 수를 세어 보았는가? 똑같다. 윗줄이 스물다섯 글자. 아랫줄이 열일곱 글자. 그런데 불행하게도 "벌써 일 년이" 부분만 노래할 수 있다. 아랫글이 형편없어서 그런가?

　만약 노래 부를 수 있다고 답한 사람이 있다면 아래의 글로 읽어보라고 권한다. 음악의 '마디=쉼표'에 따라 '/'표시로 나누었다. 자의적으로 띄어쓰기하여 읽지 말고 '/' 표시에 따라 읽으라. 읽히는가? 읽을 수 없으니 부를 수도 없다.

시간이기/ 억을/ 데려갈거/ 라던너의/ 말/ 은힘못쏜채/ 벌써

일 년이//

숨처럼너/ 는떠올랐고/ 난아직/ 도너/ 여야해//

　예문 1보다 예문 2는 조금 더 심각하다. 음악의 마침표는 "벌써 일 년이"에 있건만 "네 목소리라서"에서 자의적으로 끊어놨다. 게다가 문장의 줄 바꿈이나 글자 수마저 자의적으로 썼다. 윗줄이 스물여섯 글자, 아랫줄이 스무 글자. 윗줄은 한 글자, 아랫줄은 세 글자가 많다. 멜로디보다 글자 수가 많다는 것은 단어 일부를 버려야 한다는 뜻이 된다. 음악의 호흡이 엉키거나 작곡의 의도가 왜곡되기 때문이다.

　글은 좋은데 멜로디를 초과했다고, 그러니 글자 수를 줄이라고 했다. '이따금씩'은 비표준어이므로 표준어로 바꾸라고 했다. "글이 좋으면 노래 부를 수 있어야 하는 거 아니에요?" 천진하게 묻는다. 위의 문장이 톨스토이나 헤밍웨이, 괴테의 명문이라고 하더라도, 그리스도나 부처, 공자의 말씀이라고 하더라도, 소크라테스나 칸트, 한나 아렌트의 철학이라고 하더라도 가사로썬 무용하다. 노래로 부를 수 없는 글은 가사가 되지 못한다고 분명히 말했다. 띄어쓰기가 독서의 시작이듯 노래의 시작이다.

주어 생략은 멜로디에 긴장감을 준다.

'/'표시에 따라 읽을 수 있다면 노래로도 부를 수 있
다. 첫째 줄의 '운'과 둘째 줄의 '또 하루'는 없애야 한다.

때로 넌 날/ 울려/ 거리 가득/ 너의 음성/ 나/ 들은 것 같아/ 네
가 그립지//

오직 한 명/ 너를 위해서/ 나 눈물/ 바람/ 그립지//

예문 2-1

노래 부를 수 있도록 고쳐 썼더니 이번엔 비문이 됐
다. 문장과 문장 사이 진술도 어그러졌다. 뭘 쓰려고 했
는지 내용은 이해할 수 없는 채 '그립지' 세 글자만 각운
으로 맞춰 놓았다. 다만 그립다는 것, '하소연=배설물'로
수정되었다. 제한된 글쓰기의 음악에 갇힌 셈이다. 앞
의 문장을 물고 늘어졌더라면 이 같은 참사는 일어나지
않는다. 문장과 문장 사이, 문장 내에서의 어절 사이에
간극이 생기는 순간 진술은 길을 잃는다. 주어도 필요

이상으로 많다. 구어에서 주어는 흔히 생략된다. 자연스러운 대화에서 주어가 들어가면 매우 어색하게 받아들여지는 것과 같다.

감정 이입하여 인물에 천착해야 한다.

진술이 미로에 갇히지 않으려면 인물의 정서적 바탕이 되는 심상을 해독해야 한다. 감정 이입하여 '만약 나라면…'을 끊임없이 묻고, 고민하고, 답해야 한다.

허구가 아닌 실제적, 구체적 진술이야말로 인물을 완성하는 길이다. 완성된 인물을 통해 플롯도 따라 완성된다. 작가가 개입하여 인물을 리모컨으로 조절해선 안된다는 뜻이다. 작가는 인물이 능동적으로 움직이도록 만들어 놓고 사건을 따라가야 한다. 캐릭터/인물을 들여다보고 쓴 글이야말로 울림을 획득한다.

가사는 단어, 이미지, 소리를 통해 사건/이야기를 전달하는 장르이다. 이야기 또는 내러티브/인과관계로 엮인 이야기는 모든 문화권에서 엔터테인먼트, 교육의 수단, 문화 보존 및 도덕적 가치로 공유되어왔다. 이야기를 노래로 전달하는 특수한 장르 문학으로써 가사는 조금 더 대중적 관심을 끌어모은다. 인물이 확정되지 않으면 가사 장르는 쓰기로써 무용해진다.

모든 글쓰기는 허구/거짓말/상상/과장이다. 글이 그럴듯하게 보일 때 글쓰기는 작품이라는 결과물을 얻어낸다. 캐릭터/인물에 천착하여 진술을 완성했을 때 인물의 허구는 곧 내 이야기 혹은 내 이웃의 이야기로 들어온다. 가수의 호소에 귀 기울이게 되는 것이다. 작품의 가치와 상업성이 동시에 생성되는 순간이다.

2. 귀로 읽는 문학, 가사 쓰기
- 귀로 독서하는 즐거운 경험을 유도한다.

가사는 통속적으로 소통하는 장르 문학이다.

말했다시피 가사는 <귀로 읽는 문학>이다. 멜로디 한 마디가, 멜로디에 얹힌 노랫말 한 구절이 귀엣말처럼 들리는 순간 저도 모르게 귀를 기울이게 되는데 그 순간 독서는 시작된다. 서점에 가서 직접 책을 구매하여 읽는 주동적이고 능동적인 독자를 상대로 하는 것이 아니라 피동적이고 사동적인 독자를 상대로 하는 장르 문학인 것이다.

달리는 버스 안, 어느 층계참, 골목길, 누군가의 스마트폰 벨 소리, 커피숍 등 삶의 곳곳에서 음악은 일상처럼 말을 건넨다. 건넨 말에 응답하듯 가사/멜로디 한 소절이 귀엣말하듯 들리는 순간 우리는 '이 노래는 누가 부른 거지? 제목은 뭐지?' 궁금해한다. 귀에 들리는, 소위 꽂히는 순간은 다름 아닌 동일 경험을 떠올리며 감정적 동질성을 끌어내는 동시에 정서적 울림과 충격을 갖는 순간이다. 이 순간 우리는 적극적으로 독서에 임한다. 노랫말을 찾아보고 가사에 심취해 음악을 감상하는 것이 그것인데, 그 순간 가사는 생명력을 획득한다.

　나는 이러한 과정을 통속적으로 소통하는 것이라 부른다.

처음이라 그래 며칠 뒤엔 괜찮아져 그 생각만으로 벌써 일 년이
너와 만든 기념일마다 슬픔은 나를 찾아와

브라운아이즈 <벌써 일 년> 중

위의 가사와 아래의 가사를 비교해 보자.

벌써 일 년이죠 그대 나를 떠나간 지 그 이별에 지쳐 죽을 듯
살죠

어느 하루 크게 웃지만 눈물은 끊지 못했죠

예문 3

위의 예문 1, 2와 달리 예문 3 가사는 노래 부를 수 있다. 음악의 쉼표와 마침표를 이해하고, 띄어쓰기도 지켜 쓴 가사이기 때문이다. 그런데 길거리 어디에선가 이 노래를 들었다고 가정했을 때 이 노랫말에 귀 기울여 독서할 것인가, 질문이 남는다. 다 맞춰서 썼는데 어떤 차이점이 있어 아래 가사는 귀에 머물지 않을까?

벌써 일 년이죠 그대 나를 떠나간 지, 기다림에 묶여 죽을 듯 살죠

술을 끊고 애써 웃어도 눈물은 끊지 못했죠

예문 3-1

문장 구성만으로 놓고 봤을 땐 고쳐 쓴 3-1 예문이 조금 더 낫다. 떠나가다/기다리다, 술 끊다/눈물을 끊다 식으로 대조와 대구 시킬 수 있는 문장은 놓치지 않고 쓰는 게 좋다. 멜로디에 조금 더 쉽게 귀 기울이게 하는

방법이다. 비교적 잘 고쳐 썼다. 그런데도 여전히 원곡보다 집중도가 떨어진다. 왜 그럴까?

언술의 수위를 지켜야 한다.

가사/노래를 귀로 읽을 때 쉽게 전달되기 위해선 지배적 인상을 구축해야 한다. 음악에 끌려가다 보면 여러 사람이 쓴 것처럼 언술의 수위가 달라진다. 음악은 남을지 몰라도 가사는 남지 않는 노래가 된다. 무슨 내용이었는지 전체 내용을 알 수 없는 가사는 '상업성=통속적으로 소통'하는 자격을 갖추지 못한다. 소위 호기심을 자극하기 위해서 verse 부분에선 사건을 풀어놓고, 터지는 부분=chorus엔 힘을 실어야 하는 이유도 여기에 있다.

"배고프다. 밥 먹자."나 "수다도 좋지만, 출출하지 않니?"나 "저기, 뭔가를 먹어야 할 것 같은데…." 이 세 가지 모두 끼니를 때우자는 말이다. 분위기에 따라 우리는 말을 고른다. 전자의 말이 효과를 발휘하기도 하지만 중자나 후자가 효과를 발휘할 때도 있다. 음악의 분위기에 따라 어법과 어순을 정하는 것, 그리하여 음악이 들리도록 효과를 발휘하는 것, 그것이 작사가의 몫이다.

작사가의 선택에 따라 가사는 귀에 들리기도 하고 흘려 듣기도 한다.

> 아름다운 구속인걸
>
> 사랑은 얼마나 사람을 변하게 하는지
>
> 살아있는 오늘이 아름다워
>
> 김종서 <아름다운 구속> 중

<벌써 일 년>이 아닌 <아름다운 구속>을 놓고도 비교해 보자. 처음 verse/1절 도입 부분이 아닌 노래의 클라이맥스인 chorus/후렴 부분으로.

호기심을 자극하는 구성이 필요하다.

우리가 노래를 만날 때는 친절하게 전주나 verse에서 시작하지 않는다. 4마디째 혹은 10마디째, chorus나 간주 등 어느 지점에서 조우하게 되는지 알 수 없다. 랜덤으로 시작하는 독서/감상, 그것이 대중가요 장르의 특징 중 하나이다. 노래가 귀에 꽂히는 순간 독자는 '앞의 가사는 어떻게 될까? 소음 때문에 엔딩 가사를 놓쳤어.

뭐였지?' 궁금하여 끝까지 귀로 읽게(=표음문학) 하거나 찾아보게(=표기문학) 한다. 그것이 소통의 시작이다.

코러스 시작이 "아름다운 구속인걸"이 아닌 다른 가사였다면 귀엣말에 집중했을까? 다음 가사/멜로디가 궁금하여 끝까지 듣게 했을까? 앞의 가사는 뭐지? 독자/청자들에게 궁금증을 유발하는 것, 그것이 진술의 또 다른 축인 구성의 묘미이다. 구성에 대해선 제목을 따로 마련하여 다시 설명하겠다.

습작의 최초 목표를 이해해야 한다.

너 사는 세상에

날 초대해줄래 나의 사랑을 줄게

살아있는 오늘이 아름답도록

예문 4

윗글은 가사의 글자 수/음표를 자의적으로 줄여 썼다. 게다가 원곡에 있는 가사 '살아있는 오늘이'를 그대로 인용하여 썼다. 원곡을 놓고 가사 쓰기를 연습할 때 원곡의 가사는 한 글자도 겹치지 않도록 써버릇해야 한다. **나만의 문장으로 나만의 해석을 쓰는 것**이 연습의 최초 목표이다. '아름다운 구속인걸' 부분은 여덟 글자로 써야 멜로디를 고스란히 소화하여 부를 수 있는데 예문 4는 여섯 글자로 줄여놨다. 어느 한 글자는 두 박자로 늘려 불러야 하는데, 그 순간 작곡가의 의도는 사라진다. 곡이 가진 경쾌함과 긴장감이 사라지는 것이다. '아름답도록' 부분은 박자를 나눠 불러야 하는데, 엔딩의 여유는 사라지고 급한 마무리가 된다. 가사가 귀엣말로 속삭여줄 리 만무다.

오직 너만 사랑이야

너 있는 미래를 꿈꾸며 행복에 물주지

온통 기뻐 터무니없을 만큼

예문 5

위의 가사는 원 가사와 똑같은 글자 수로 썼고 쉼표와 마침표, 행갈이도 지켰다. 게다가 말줄임표로 끝나는 음악에 맞춰 말줄임표로 진술을 끝냈다. 그런데도 귀로 독서하게 하지 않는다. 왜 귀에 들어오지 않는가?

고치고, 고치고, 또 고쳐 써야 한다.

<아름다운 구속>이라는 가사에 익숙해진 탓에, 새로운 가사는 낯선 탓에, 핸디캡이 적용되어 그런 게 아닐까요? 묻는 학생들을 만날 때가 있다. 그럴 수 있다. 그러나 수업을 하다 보면 학생들은 자신이 쓴 가사로 흥얼거리며 핸디캡 운운했던 질문을 철회한다. 10고 이상, 20고를 넘기더라도 받침 하나까지 수정해서 완성한 가사는 노래 부르기 좋다. 새롭게 음악을 해석해낸 신선함이 더해진다. 어떤 가사든 잘 쓰면 원곡을 뛰어넘어 자연스럽고 익숙하게 노래 부를 수 있다.

때로 가사는 음악의 빈 곳을 메우는 역할을 한다. 가사/진술이 음악과 마찬가지로 말줄임표로 끝났다면 음악이 갖는 힘은 줄어들었을 거라고 확신한다. 음악의 쉼표와 마침표, 행갈이를 이해했음에도 더 이해할 무엇이 있는 것, 그것이 가사 쓰기이다.

3. Have No Generation, 가사 쓰기

　- 전 세대를 아우르는 문화상품, 불량품이어선 곤란하다.

시적 허용≠음악적 허용 구분하기.

어떤 언어에든 문법이 있다. 가사에도 문법이 있다. 음악과 모국어를 더한 것이 그것이다. 음악의 메시지를 해석하여 국어문법에 맞게, 음악에 맞게, 쓰는 행위를 통해 주제를 전달하는 일이 가사 쓰기인 것이다.

나는 **'시적 허용'**이 있듯 **'음악적 허용'**이 있다고 주장한다. 그러나 한눈에도 오문·비문인 것을 음악적 허용이라고 주장하는 가사들이 있다. 때론 남용, 오용이 지나쳐 시제와 인칭, 어미까지 혼용하여 쓰는 경우도 허다하다.

'음악적 허용'은 엄격하게 통제하여 사용해야 한다.

'둥실둥실'을 '두둥실 두리둥실'로 표현하여 리듬감을 살리거나, '파란'을 '파아란'으로 표현하여 운율을 강조하거나, '지르밟다'를 '즈려밟다'(한용운<님의 침묵> 중)로 씀으로써 화자의 캐릭터를 완성하는데 보태야 한다.

가사 문학은 노래로 불렀을 때 완성되는 장르이다. 그렇기에 '시적 허용' 외에 불가피하게 허용되는 게 더 있다. 딕션(diction)이 중요한 전달의 수단이라는 것이 허용의 기준이다. 가수마다 예쁘게 발음되거나 유려하게 발성되는 단어를 골라 쓰는 것, 그것이다. 사전적 표준어로 노래 부르는 게 어색할 때, 구어로 불러야 노래 느낌이 선명하게 전달될 때, 그때 관용적으로 써온 말을 선택하는 것이다. 그래서 귀로 독서할 때 자연스럽게 들리도록 쓸 것을 허용한다. 허용의 경계를 넘어서면 곤란하다.

인칭, 어미 통일하기.

그대만이 나를 살게 하죠

그대 역시 나 있어야만 해

기다림 지워 너 그만 돌아와야죠

수많은 나의 날들 너 없인 어렵죠

<그대만이>

학생이 써서 제출했던 가사 일부이다. 비단 학생뿐만 아니라 발표되어 불리는 노랫말/가사는 위 식으로 쓰인 게 매우 많다. 위 식의 진술이 한 작품이랍시고 쓰이는 것이다.

대체 '그대'라고 존칭한 사람은 누구고 '너'라고 호칭한 사람은 누구인가? 호명하는 대상이 한 사람이긴 한가? 종결어미 역시 존대의 뜻으로 '―죠.'와 한 묶임인 '―해요.'가 아닌 용언의 기본형인 '―해.'로 혼용되어 있다. 음악에 맞춰 쓰느라 그랬다고 한다. 노래로 부르면 좋다고.

음악에 맞춰 썼다고 해서, 노래로 부를 수 있다고 해서 전부 음악적 허용이라고 주장해선 곤란하다. 초등학교 1학년 일기장에서도 이렇게 무분별한 혼용의 문장은 찾기 어렵다.

날 보며 웃는 너, 널 내 거라고 말하고 다녔지

꿈꾸는 것 같아요 그대 내 인생에 하늘이에요

하지만 초라한 내 모습에 울고 싶었지

부탁해 내 손을 잡아줘요 내 사랑 나의 하늘아

<내 사랑 나의 하늘>

<내 사랑 나의 하늘> 역시 학생이 써서 제출했던 가사 일부이다. 나는 같은 말을 반복하여 묻는다. '너'는 누구이고 '그대'는 누구냐고. 화자가 두 명과 대화하는 중이냐고. 친구끼리 대화하다가 느닷없이 존댓말을 하거나, 서로 격의를 갖춰 존댓말로 대화하다 반말을 하면 어떻겠냐고. 그러면 수긍하고 고치는 학생이 있는가 하면 이의제기를 해오는 학생도 있다. 위와 같은 방식으로 많은 곡이 히트하고 있는데 왜 나만 고치라고 하느냐고.

읽지 않으려면 쓰지 말라.

"대체 얼마 만이죠? 너 몰라보게 예뻐졌다. 웃는 얼굴이 왜 그리 환해? 사랑을 놓친 게 어쩌면 나라는 생각이 들었어요. 너, 다시 돌아와요. 우리에겐 남은 사랑이 있는 걸 그대도 알잖아." 어떤가? 한 사람과 우연한 재회를 통해 쏟아낸 대화는 무리 없는가? 문제는 연이어 놓은 문장으로는 문제가 된다고 말하면서도 정작 줄 바꿈 하여 쓴 뒤 다시 읽어보길 권하면 무리 없다고 대답하는 학생들이 있다는 것이다.

줄 바꾸든 바꾸지 않든, 무리 없다고 생각한다면 몹시 심각하다. 가장 기본적인 독서도 되어 있지 않다는 뜻이기에 그렇다. 이런 상태인 채 작사가를 지망하는 학생들이 는다는 것은 가사 장르에 결코 좋은 현상이 아니다. 제대로 고쳐보자.

대체 얼마 만이죠? 참 몰라보게 예뻐졌죠.
웃는 얼굴이 왜 그리 밝죠?
사랑을 놓친 게 어쩌면 나라는 생각이 자리 잡죠.
오, 다시 돌아와요.
우리에겐 남은 사랑이 있는 걸 그대 알잖아요.

혹은,

대체 얼마 만이니? 너 몰라보게 예뻐졌어.

웃는 얼굴이 왜 그리 환해?

사랑을 놓친 게 어쩌면 나라는 생각이 들어앉아.

오, 다시 돌아와 줘.

우리에겐 남은 사랑이 있는 걸 너 역시 알잖아.

도저히 글자 수를 맞출 수 없다고 하소연하는 경우를 종종 들어왔기에 일부러 글자 수에 맞춰 고쳤다. 띄어쓰기의 호흡도 지켰다. 의미 해석에 영향을 주지 않는 선에서 바꿀 수 있는 단어는 매우 많다. 고친 문장처럼 높임말과 낮춤말, 이인칭의 무분별한 혼용만 없애도 문장은 매끄럽다.

일방적 주장은 소통의 방해꾼이다.

인칭과 시제, 어미를 혼용하는 게 대중가요 가사 작법인 줄 알았다는 사람들을 만날 때가 있다. 단언하여 말한다. 가사도 국어를 사용하여 쓴다. 대중가요의 노랫말(=한글)이 매우 심각하게 오염되고 훼손된 것일 뿐이다. 국어는 무분별하게 혼용하지 않는다. 훼손된 것이 히트했다고 해서 나도 그렇게 써선 곤란하다. 훼손된 채로 히트한 노래들은 가수의 가치, 멜로디의 가치에 덤으로 얹힌 것일 뿐, 가사 때문이 아님을 명심해야 한다.

대다수 작곡가와 가수, 제작자들은 자신들이 직접 쓴 가사엔 너그러움을 발휘한다. 그 증거물이 훼손된 가사들이라고 단정 지어 말할 순 없으나, 대개는 그렇다. 이와 달리 전문 작사가에게 가사를 받을 땐 믿을 수 없을 만큼 엄격해진다. 혹은 잘못 쓴 것을 몰라보거나.

<내 사랑 나의 하늘>은 제목도 문제가 된다. 작품 전문을 봐도 제목을 강화하는 진술은 보이지 않는다. '사랑하게 됐고, 꿈꾸는 것 같고, 그러므로 그대는 나의 하늘'이라고 순차 진술을 하고 있으나 결과론적으로 주장해놓았다.

'그대'와 비교했을 때 나는 어떻기에 '초라하'다고 말하는가? '그대'는 내게 어떤 사랑을 보여줬는가? 사건을 통해 '내 사랑=나의 하늘'이 되는 지점을 드러내지 않았기에 주장에 동의하기가 쉽지 않다. 작가의 일방적 주장에 불과해진다. 제목은 제목으로 어떤 영향력도 행사하지 못한다. 이와 같은 일방적 주장은 통속적으로 소통하는데 가장 큰 걸림돌이 된다.

모자란 진술은 결국 비문이다.

제한된 글자 수로 문장을 완성하는 일은 쉽지 않다. 게다가 완성한 문장으로 노래까지 부를 수 있어야 한다. 문장과 문장을 이어 내러티브를 구축하고 주제까지 전달하기에 가사는 결코 만만한 장르가 아니다. 그러나 가요를 즐기는 대다수 국민은 가사 내용을 이해하지 못해도 노래 부르며 음악에 빠진다. 누구도 가요를 어렵다고 하지 않는다. 시와 소설을 전공한 뒤 순문학을 지망하는 문청들이 가끔 속내 털어놓듯 말한다. "나중에 안 되면 **가사나 쓰든가.**"

노래방은 동네마다 넘쳐나고 노래방의 방마다 사람들은 삼삼오오 모여서 노래 부르고 춤춘다. 때론 혼자 스며들어 이별을 달래며 목놓아 부르기도 한다. 가사 한 줄이 마음에 닿을 때 노래는 위로가 되고, 즐거움이 되고, 고백이 되고, 원망이 된다. 하고 싶은 말을 대신 전달하는 역할을 해내는 가사는 우리네 삶과 유기적이기에 매우 자주 일상에 소환된다.

그댈 만나 알게 되고 느꼈었던

나의 세상에 감사했죠 지난 그 날들

이제 내게 이별이란 눈물이란 아픔 되어서

숨도 못 쉬고 하루도 못 살죠

<갑의 이별 후회> 중

위 작품은 말 그대로 데모 음악을 놓고 쓴 초고이다. 데모 음악을 놓고 썼다 함은 초급 수준은 넘어섰다는 뜻이 된다. 합평을 통해 몇 개의 작품을 퇴고한 경험치가 생겼다는 뜻이고 그렇기에 위의 작품 정도를 쓸 수 있게 된다. 초급반에서는 만나기 힘든 수준이다.

그럼에도 여전히 합평을 통해 대대적으로 고쳐 써야 한다.

'느꼈었던'은 대과거이다. 시점은 과거에 머무는데 시제는 대과거로 썼다. 첫 문장을 보면, '그댈 만나 알게 되고 느낀' 것이 무엇인지 쓰지 않았다. 무엇을 알게 되고 무엇을 느꼈기에 '나의 세상에 감사'하게 됐는지, 과정을 생략한 글쓰기는 모자란 진술이 되고, 정황은 모호하게 인식된다. 추상에 머문 진술인데 '지난 그 날들'은 어땠고 현재 내 세상은 어떻게 변했는지 쓸 때라야만 '감사했'다는 진술은 동의를 얻는다. '이별=눈물=아픔'으로 등가관계를 놓고 서술한 것은 기계취에 머문다. 문제는 등가관계가 '숨 못 쉬다=하루도 못 살다'로까지 이어져 있다는 것이다. 아프다. 그러므로 하루도 못 산다. 과장/엄살은 가사 장르에서 절대적으로 필요한 글쓰기의 하나이다. 그러나 언술의 수위가 맞는가? 질문이 뼈아프게 남는다. 그릇된 문장이기에 그렇다.

<갑의 이별 후회>보다 못한 가사가 많은데, 왜 이 작품을 자꾸 고치라고 하죠? 묻는다.

틀린 건 트렌드가 아니다.

최신가요를 듣는 기성세대는 고개를 절레절레 흔들며 말한다. "요즘 노래는 도무지 무슨 말을 하는지 알아먹질 못하겠어." 그 말은 곧 빨라진 음악 템포를 따라가지 못하는, 시대에 뒤처진 촌스러움으로 치부된다. 그 해석이 맞는 걸까?

"그러니까 하고 싶은 말이 뭐야?" 대화 중에 물을 때가 종종 있다. 알맹이 없는 대화가 이어질 때 갑갑하여 외치는 말이다. 기성세대는 가요를 들으며 독백처럼 쏟아낸다. "그러니까 가사가 무슨 말인 거야?"

최근 대중가요는 훅, 소위 반복하는 멜로디에 맞춰 의미 없는 단어들을 반복하여 늘어놓곤 그 멜로디에 포인트가 되는 안무를 선보인다. 훅은 소비되는 가사가 아니다. 물론 '유희' 그 자체로 끝나는 것이 모두 나쁘다는 것이 아니다. 유희는 그 나름의 의미가 있다. 다만 넘치는 것, 쏠림 현상은 피하자는 것이다.

가사 전체를 관통하는 주제를 망가뜨리지 않는 선에서 패션처럼 들어간 유희는 가사에 재미를 더한다. 주제나 작의를 세우지 않은 채 단지 안무에 안목을 집중시키기 위한 멜로디와 가사를 트렌드(추세)라고 주장하는 것이 문제인 것이다. 가수가 아닌 댄서를 위한 음악이다 보니 자연 '주제가 없는' 음악/가사가 되고 만다.

시대의 화두를 담론으로 담아낸 소수의 작품이 있긴 하나 현재 대중가요 대부분은 트렌드를 따른다. 그 와중에 문장은 부정확하고 구성은 마련되어 있지 않다. 시대의 화두를 올바른 문장으로 불러 버릇한 기성세대가 최근 가요를 "무슨 말 하는지 하나도 모르겠"다는 난청/난독은 당연한 현상이다. 작품 자들의 창작 행위에 다양성이 사라지고 당위성마저 잃은 것이다. 작품 자들

스스로 자율성을 담보한 자정을 보여줘야 한다.

작법에 어긋난 문장은 문장이 아니다.

나는 이 책에서 누구나 쓰는 가사가 아닌, 좋은 가사 쓰는 법을 이야기하기로 했다.

안무에 소비되는 글일지라도 적어도 '글' 쓰는 행위를 하는 작가라면 말은 되게 써야 한다. 세상에 건네고 싶은 '무엇'을 써야 한다. 작가라면 반드시 문법에 맞게, 문장의 형태는 갖춰 써야 한다. 그것이 작가에게 주어진 책임이자 반드시 지켜야 할 의무이다.

잘 알다시피 영어는 여덟 개의 품사를 활용하여 문장을 만든다. 국어는 아홉 개의 품사를 활용하여 문장을 만든다. 8품사는 익숙한 단어이면서 9품사는 낯설다. 8품사의 영어 문법이 어긋나면 부끄러워하면서 모국어가 9품사인 것은 모르는 것조차 부끄러워하지 않는다. 성장기에 있는 유·청소년기의 학생들이 비문·오문·난문(難文)으로 난립한 가사로 인해 모국어를 잘못 이해하며 자랄까 걱정스러울 지경이다.

강조하여 말한다. 앞에 예문으로 든 다섯 개의 가사와

<그대만이>, <내 사랑 나의 하늘>은 모두 **틀린 문장**이고, **작법에도 어긋난 문장**이다. 글의 구성요건을 갖추지 못했기에 작품으로 볼 수도 없다. 국어를 오염시키고, 훼손시킨 채 가사를 쓸 생각이라면 그만두기 바란다.

가사는 나이, 학벌, 성별을 불문하는 문학이다.

노래는 시대 불문, 세대 불문하고 사랑받아 왔다. 앞으로도 그럴 것이다. 지나간 향수에 젖거나 "요즘 애들 노래는 시끄러워서 도무지 모르겠어." 말하면서도 음악 프로그램에 눈을 주고 귀를 여는 것을 보면 그렇다.

음악 프로그램은 누가 시청하는가? 팬덤의 절대적 지지층인 10대가 주로 시청할 터. 그러나 나 홀로 가족인 20대, 30대가 시청하기도 할 것이고 문맹의 80대 조부모와 50대 부모, 청소년기의 자녀, 3대가 나란히 앉아 시청하기도 할 것이다. 40대 혹은 50대, 그 이상의 주부가 혼자 앉아 시청하기도 할 것이다. 초등학교 저학년과 유치원생 아이들끼리 나란히 앉아 시청하기도 할 것이다. 그때 대중가요는 어느 세대를 향해 호소해야 하는가? 최근 음악 프로그램은 이러한 질문에 답하듯

각 세대를 겨냥한 프로그램을 제작하고 있다. 적어도 방송은 대중가요가 통속적으로 소통하는 데 앞장서고 있는 셈이다. 그런데 40대 이상을 겨냥한 가요프로그램을 보다 보면 신곡은 거의 없다. 지나간 추억을 소비하는 기성세대라…! 불행한 일이 아닐 수 없다.

대중가요를 소비하는 독자는 학벌 유무에 상관없고, 나이의 많고 적음에 상관없다. 남자 노래를 여자가 부르고, 걸그룹 노래를 남학생들이 부른다. 성별조차 상관하지 않는다.

멜로디와 가사가 결합한 노래는 특정하지 않은 어느 세대든 무슨 말 하는지 알아들으며 즐겨야 하고 어렵지 않게 이해할 수 있어야 한다. 자신의 취향대로 70대가 힙합을 즐기고 10대가 트로트를 즐긴다. 60대가 록을 즐기고 20대가 블루스를 즐기기도 한다. 나는 20대엔 트로트를 즐겼고 50대에 이르러 브리티시 팝과 모던 록을 즐긴다. 후배들이나 제자들을 봐도 그렇다. 그들이 선호하는 음악 장르는 매우 다양하여 거의 전 장르를 망라한다. 특정한 장르를 특정한 세대가 즐긴다고 믿는 것은 통계에서 비롯한 숫자의 차이일 뿐 세대 불문 즐기는 것이 대중가요이다.

이렇듯 나는 대중가요 말고는 전 세대를 아우르는 문화상품을 알지 못한다. 그러므로 가사를 쓸 땐 **담백하게**, 무엇보다 **쉽게** 써야 한다. 쉽다는 것은 '틀리다'는 말과 절대 동의어가 아니라는 전제로 마무리한다. 쉬울수록 좋은 것, 가사이다.

가사는 쓰고, 부르고, 고치고, 다시 부르고… 반복해야 한다.

어떻게 써야 귀로 읽히는지 모르겠다고 한다. 첫술에 배부르랴! 무책임하게 들리겠지만 대답은 하나이다. 자꾸 쓰는 수밖에 달리 도리 없다는 것. 쓰는 일은 자꾸 반복하여 연습하면 는다. 듣고 쓰고, 노래 불러보고 쓰고, 읽어본 뒤 불러보고, 다시 고쳐 쓰고 불러보고… 그러다 보면 입에 붙는 게 뭔지, 귀에 꽂히는 게 뭔지 체화된다.

2. 가사, 어떻게 쓸까?

멜로디를 이해하여 들을 수 있는가,

확인하기 위한 가장 좋은 재료가 팝송이다.

게다가 가사를 해석하다 보면

소재/장르를 커닝할 수 있다.

- 음악은 가사의 문법이며 소재를 제공하는 창구이다. 중에서

1. 발표된 곡으로 연습하기

- 발표된 가사는 가장 좋은 교재이다.

청음에 지름길이 있다.

발표된 대중가요의 대부분은 멜로디를 먼저 만든 후 가사를 쓴 작품들이다. '제한된 글쓰기'라고 말하는 이유가 여기에 있다. '음악을 모국어로 해석하는 일'이라고 말하는 이유도 마찬가지이다. 조금 다르게 말을 덧붙여 보자면, 가사는 건물을 지어놓고 용도에 맞게 장식하는 글쓰기라고 해도 무방하다.

미술관답게, 영화관답게, 방송국답게, 사무실답게, 학교답게, 병원답게……, 작곡가가 지어낸 세계관이 가사와 결합하여 음악답게 불리도록 하는 것, 그것이 작사가의 역할이다. 이 모든 조건을 충족하여 가사 쓰기를 연습하기 위해선 해석할 음악/건축물(=데모 음악)이 필요하다.

"우리는 데모 음악이 없는데, 어떻게 하죠?"

"데모 음악을 구하긴 했는데 맞게 썼는지 어떻게 알죠?"

두 가지 문제를 해결할 좋은 방법이 있다. 발표된 곡을 이용하여 나만의 해석을 내보이는 덧쓰기인데, 이 방법이야말로 초보자가 가장 쉽고 빠르게 대중가요 가사 쓰기에 적응할 수 있다. 멜로디 음표대로 글 쓸 수 있는 지름길이며 동시에 청음에도 절대적 도움이 된다. 대학과 아카데미에서 강의할 때 내 교수법이기도 하다.

비평과 합평은 가사 창작 실기에 꼭 필요하다.

맨 처음 수업에서 나는 학생들에게 각자의 기준에서 좋은 가사라고 생각하는 것과 좋지 않은 가사라고 생각하는 것을 각각 구분하여 골라오라고 한다. 그 작품들을 놓고 나는 학생들과 비평 시간을 갖는다. 왜 좋은지, 왜 좋지 않은지 토론하듯 비평하면서 지양해야 할 문장,

구성, 주제 등등을 다룬다. 비평 수업을 통해 학생들은 히트한 노래나 가창력 뛰어난 가수가 부른 노래는 일단 좋은 가사일 것이라는 인식의 등가관계를 해제한다.

볼 줄 알아야 쓸 줄 안다. 이 진리 하에 비평 수업은 습작품을 놓고 합평 수업으로 이어진다. 합평을 받았다고 해서 끝나는 것이 아니다. 반드시 고쳐서 수정하기 위한 합평이다. 합평을 제대로 이해해서 글쓰기에 반영했는지 다시 합평하고, 또다시 합평하여 고쳐 써서 퇴고에 이르도록 하는 게 내 수업의 목표이자 이 책의 목표이다.

나는 다시 쓰기나 고쳐쓰기, 10고, 20고, 퇴고 같은 말들을 반복하고 있다. 열 곡, 백 곡에 다른 소재의 가사를 열 개, 백 개 쓰는 것은 가사 쓰기에 전혀 도움 되지 않는다. 한 곡에 다른 소재의 가사를 열 개, 백 개 쓰는 것도 매한가지이다. 위의 방식으로는 백날 연습해야 아무런 발전을 기대할 수 없다.

영화 백 편을 보기보다 시나리오 한 편 쓰는 게 더 어렵다는 말이 있다. 시나리오 한 편을 쓰고 나면 안 보이던 부분까지 영화 전체를 볼 수 있게 된다는 말도 있다.

가사도 마찬가지이다. 노래 백 번 불러보기보다 한 편 쓰는 게 더 어렵다. 여기서 쓴다는 것은 퇴고를 말한다. 가사는 반드시 합평을 통해 수정해야 한다. 한 곡을 놓고 **백 번을 고쳐** 써서 반드시 **퇴고를 해봐야** 한다. 퇴고해 보지 못한 사람은 천 편을 써도 제대로 된 가사 한 편 쓸 수 없다.

비문으로는 작품을 완성할 수 없다.

그대에게서 배우는 사랑→그대에게 배우는 사랑

우린 아무 말 없이 앉아있었지→우린 말 없이 앉아있었지

너의 주도적인 사랑에 끌려→네가 주도한 사랑에 끌려

기다림도 네가 배워준 것을→기다림도 네가 가르쳐준 것을

거짓말이 나쁜 줄은 알아도→거짓말이 나쁜지는 알아도

네가 그립다고 말하는 것이 아파→네가 그립다고 말하면 아파

가끔씩 남몰래 울곤 해→가끔 남몰래 울곤 해

헤어지지 말자고 다짐을 하기도 해→헤어지지 말자고 다짐해

매일 너를 그리워했어→날마다 너를 그리워했어

집에서 길러지는 고양이들→집에서 기르는 고양이들

네 표정에 해석되어지는 게 있지→네 표정에 해석되는 게 있지

내게 있어서는 네가 유일한 보호자였어→내게는 네가 유일한
보호자였어

이별은 스스로의 선택이었지→이별은 스스로 한 선택이었지,
이별을 스스로 선택했지

마음 밖으로부터의 사랑→마음 밖에서 온 사랑

성격이 부딪친다는 이유 아래→성격이 부딪친다는 이유로

널 지우는 게 쉽지가 않다→널 지우는 게 쉽지 않다

우리는 그러나 사랑이야말로→그러나 우리는 사랑이야말로

평소부터 관심을 가져→평소 관심을 가져

너 하나뿐이 없었다→너 하나밖에 없었다

이따금씩 슬픔이 찾아와→이따금 슬픔이 찾아와

이별엔 뒷얘기가 오갔었지→이별엔 뒷얘기가 오갔지

여러분들은 윗글 왼쪽 문장 형식으로 쓰인 가사를 심
심치 않게 봐왔을 것이다. 나는 위 왼쪽 문장들을 칠판
에 써놓고 학생들에게 오른쪽 문장처럼 바르게 고칠 것
을 주문한다.

비평 수업을 진행하면서 왜 문장 수업이냐는 질문을

받는 경우가 종종 있다. 작품의 세계관이나 주제, 구성, 장르적 글쓰기, 음악의 해석, 묘사 등등을 이야기하려면 문장이 바르고 적확해야 한다. 틀린 문장으로는 무엇 하나도 성취해낼 수 없다. 제대로 잘 쓰기 위해 문장 수업은 필수 단계이다. 학생들이 잘못된 문장들을 답습하지 않도록 하는 게 가르치는 사람에게 주어진 의무이므로 게을리할 수 없다.

가사는 복합장르 문학이다.

4주에 걸쳐 수십 작품을 비평하면서 학생들은 소설, 수필, 콩트, 영상으로 치환되는 가사에 눈뜬다. 또한, 가사 장르에서만 유효한 글쓰기인 줄 알았던 문장/국어 사용이 얼마나 잘못된 것인가를 알게 된다. 빨간펜 선생님처럼 문장/진술을 바로잡는 것으로 비평 수업을 메울 땐 몹시 속상하다. 그러나 잘된 작품을 놓고 비평을 하다 보면 시인이자 소설가, 시나리오 작가, 카피라이터가 되는 종합예술의 집합체가 가사 쓰기인 것에 눈뜬다. 나도 이렇게 쓰고 싶다, 동기부여를 얻기도 한다.

비평이 끝나면 나는 학생들이 골라온 작품 가운데

가장 못 쓴 작품 혹은 가장 만만하게 도전해볼 만한 작품을 스스로 고르도록 한다. 그리고 그 작품을 새롭게, 나만의 방식으로 해석하여 새로운 가사로 써내도록 한다.

합평은 문장부터 주제, 구성까지 모든 것을 들여다본다.

진술이나 문장, 구성이 엉망인 가사일지라도 발표된 작품들의 가사는 아이러니하게도 노래로 부를 수 있다. 그 가사를 이른바 '커닝'하여 가사의 호흡대로, 띄어쓰기대로 쓰는 것, 그렇게 쓰면서 "귀를 여는 것=청음"이 가사 쓰기의 시작이다.

4주에 걸쳐 한 말 또 하고, 또 하면서 강조하여 삼가야 할 문장과 올바른 문장 쓰는 방법을 일러줬음에도 제출한 작품들을 보면 '난 4주 동안 뭘 한 거지?' 싶을 때가 많다. 자신들이 비평하면서 지적한 부분들을 고스란히 답습하는 것이다. 심지어 그토록 강조하여 자수/음절만이라도 똑같이 쓰라고 얘기했음에도 자의적으로 멜로디를 늘이거나 줄여놓는다. 하여 노래 부를 수 없거나, 불편하거나. 비문의 난립에 기계적 진술이거나 현학취에 물든 진술이거나. 만연체도 아니면서 문장이 늘어져 무슨 말인지 이해하기 어렵다. 앞에 예로 든 다섯 개의 예문들이 그 증거이다.

아래, 말 그대로 처녀작이면서 초고인 습작품을 살펴보자.

1. 어떤 희망도 없던 나에게 촉촉한 빛이 되어준 너

2. 나를 믿는단 너의 한마디 죽었던 심장이 달리기 시작했어

3. 넌 밝게 있어줘 어둔밤 골목길 달빛이 되어줄게

4. 그늘이 지지 않게 빛나줘 너는 나의

5. delight delight delight delight my light 내 삶의 이유야

6. 무얼 봤을까 너는 나에게 사람들 내게 등 돌릴 때

7. 보여줄 거야 네가 발견한 내 안의 무언가 서서히 지펴줄게

3. 넌 밝게 있어줘 어둔 밤 골목길 달빛이 되어줄게

4. 그늘이 지지 않게 빛나줘 너는 나의

5. delight delight delight delight my light 내 삶의 이유야

8. 그렇게 있어줘 어둔 밤 너에게 달빛이 돼 줄 테니

9. 어둠은 내 몫으로 그저 넌 빛나기를

10. delight delight delight delight my light 내 삶은 너뿐야

<Delight>

(원곡: 정용화 <추억은 잔인하게…>)

원 가사의 띄어쓰기를 참고하여 쓴 초고이다. 3.4.5.는 마무리로 한 번 더 반복하는 구절이므로 표기를 생략했다.

'어떻게'를 보여줘야 한다.

원곡의 장르는 록 발라드이고 가사는 비극의 정통 로맨스로 썼다. 소재는 선명해 보인다. 그러나 주제와 작의는 보이지 않는다. 내게 남아있는 추억이 날 어떻게 힘들게 하는가, '어떻게'를 써야 하는데 알맹이가 빠졌다. '어떻게' 잔인하게 남아있는지를 써야 한다. 잊고 싶고, 보고 싶은 두 마음이 대립하는 '너'라는 추억이 적확하게 '어떻게' 변하길 원하는지 써야 한다. 행복했던 시간이 사라지길 바라는 그 근원을 써야 한다. 그래서

뭘 하고 싶은 건지, 진짜 목적을 써야 한다. 추억이라는 추상적인 형태의 그리움 끝에 무엇을 깨달았는지, '무엇'을 써야 한다. 그것이 작품을 쓰는 최초이자 최후 목표여야 한다. 목표에 닿기 위해 반드시 실현해야 하는 것이 '어떻게'인 것이다. '어떻게'를 생략해선 무엇도 이룰 수 없다.

<어벤저스>를 필두로 한 히어로물 <아이언맨>, <슈퍼맨>, <명량> 등은 영웅들이 지구를 지키거나 평화를 지키는 것으로 결론 난다. 사필귀정, 권선징악 등등 인류가 격언으로 알아온 진리를 재증명하기 위해 영웅들은 전부를 거는 것이다. 영화를 보러 가면서 우린 이미 영웅들이 끝내 승리할 것을 알고 있다. 로맨틱 코미디물 <귀여운 여인>, <브리짓 존스의 일기>, <당신이 잠든 사이에>, <싱글즈> 등은 해피엔딩을 담보로 한 장르이므로 주인공들의 사랑은 이루어질 것을 알고 있다. 형사 버디물은 형사가 범인을 잡아 권선징악에 이를 것을 알고 있다. 결론을 알면서도 영화를 보는 이유는 **'어떻게'**를 보고 싶은 까닭이다.

육하원칙의 하나, '어떻게'를 만들어라.

비단 <추억은 잔인하게> 만의 문제가 아니다. 가사는 특히 원인을 생략한 진술이 많이 발견된다. 그만큼 제한된 글쓰기의 고통이 따른다는 뜻이다.

①이별 후를 쓴다면 결과는 두 가지 중의 하나이다. 기다리거나 잊어버리거나.

②이별의 현장을 쓴대도 결과는 두 가지 중의 하나이다. 보내거나 잡거나.

③사랑하는 현재를 쓴대도 결과는 두 가지 중의 하나이다. 사랑-ing거나 청혼하거나.

④N포세대의 아픔을 쓴대도 결과는 두 가지 중의 하나이다. 그래도 희망을 노래하며 사회 구조를 바꾸자고 외치거나 도리 없이 절망을 외치거나.

⑤현실을 풍자한대도 결과는 두 가지 중의 하나이다. 희망을 노래하거나 디스하거나.

선택은 작가의 몫인데, 그 선택에 이르는 과정을 우리는 보고 싶어 하고, 볼 권리가 있는 독자가 된다. '어떻게' 기다리고, '어떻게' 청혼하고 '어떻게' 절망에 이르는지,

과정인 '어떻게'를 전달해야 할 의무가 있다.

①의 경우를 보자.

이별 후 나는 어떻게 기다리는지, 어떻게 잊는지, '어떻게'는 매우 많다. 매일 너의 집 앞에 가든가, 너와 나누었던 문자들을 매일 복기한다든가, 너와 갔던 장소들을 순회한다든가… 이외에도 수천, 수만 가지의 '어떻게'가 있다. 잊는 것 역시 마찬가지이다. 다른 사람을 만나 잊거나, 일에 몰두하여 바쁘게 살면서 잊거나, 여행을 떠나거나….

②의 경우 역시 마찬가지이다. 쿨하게 보내거나 매달리면서 울거나, 사실은 다른 사람이 있었노라 거짓말을 해서라도 쓸데없는 자존심을 내세우거나 네가 했던 맹세를 들먹여 약속을 지키라고 발목 잡거나….

조금 결이 다른 ④의 경우도 수많은 '어떻게'가 존재한다. 내게도 해가 뜰까? 면접에 나서는 하루를 보여줄 수도 있고 취준생의 하루를 보여줄 수도 있다. 출발점이 다른 금수저/흙수저의 계급론을 꺼내 불평등을 외칠 수도 있다. 다 포기하도록 만든 사회 구조를 원망할 수도 있고 포기하는 과정을 나열하여 청춘의 비극을 극대화할 수도 있다.

모든 이야기의 결과는 드러난 사실일 뿐이다. 그 결과에 이르기까지의 진술이야말로 가장 흥미진진한 부분이다. '어떻게'야말로 작가가 가장 많이 고민을 할애해야 할 부분이다. 영화를 보면서 '어떻게'가 새롭지 않을 때 평자들은 말한다. 게으른 글쓰기를 했다고. 작가는 게을러도 글은 게을러선 안 된다는 일침이다. 독자들은 언제나 새로운 캐릭터를 통해 새로운 '어떻게'를 들을/볼 권리가 있다. '어떻게' 결과에 이르렀는가를 해결하는 것이 작가에게 주어진 과제이다.

과정을 생략한 진술은 리포트/보고문에 불과하다.

<추억은 잔인하게>는 리포트/보고문 형식이다. 과정이 생략된 글쓰기는 그렇다. 리포트/보고문 형식의 글쓰기는 가사와 맞지 않는다. 기행문, 설명문(정보제공), 프레젠테이션이 아니라 작품을 쓰고 있음을 기억해야 한다. 인물이 능동적으로 움직이도록 작가는 창조해야 한다. 최소한의 정보제공 역시 진술을 통해 고스란히

옮겨놓는 것인데 그 정보를 작가들은 설명이라는 것이라야만 가능하다고 착각한다. 가사/시/문학 장르에 설명 형태의 문장은 어울리지 않는다.

단, 묘사에는 설명이라는 장치가 서술의 한 방편으로 들어서는데 장소, 사건, 정황을 알려주기 위한 객관적/지배적 인상의 표현으로 들어선다. 대상의 성질이 변하지 않고 하나로 구체화 되도록 하는 것이 설명적 묘사이다. 묘사에 대해선 따로 설명하기로 한다.

작품으로 돌아와,

<Delight>는 촉촉하다, 죽다, 어둡다, 달리다, 밝다, 등 돌리다, 빛나다 등의 단어가 '콜라주' 되었다. 콜라주 역시 따로 소제목을 달아 설명하기로 하겠다. 일맥상통하지 않는 단어들이 모여 화학반응을 일으킬 때 주제는 강화된다. 그러나 이 작품 안엔 두서없이 섞여 있다. 제각각의 재료들이 화학반응을 일으켜 새로운 세계를 창조했을 때 작품은 작품으로 유효해진다. 작법으로도 가능하다. 우선 문장부터 살펴보자.

1. '빛'을 수식하는 형용사로 '촉촉한'은 적절하지 않다.

멜로디와 어울리지도 않는다. (비교적 느린 마이너 곡엔 메이저 가사/진술로 쓰길 권한다. 멜로디에 의외성과 힘, 집중도가 생기기 때문이다.)

2. 주어 생략해도 무방한 문장은 생략함으로써 멜로디에 긴장감을 준다.

3. 넌 밝게 있으라 해놓고 그보다 약한 조도의 달빛이 되어 지켜주겠다는 말은 비논리적이다. 진술모순이 되는데, 모순 형용 어법 또는 형용모순의 용례에서 벗어나기에 그렇다.

7. 도치시킨 문장으로 부적절하다. '보여줄 거야'에 호응하는 것이 '지펴줄게'가 되는데, 문맥상 매끄러운가? '내 안의 무언가'로 끝나는 게 오히려 문장으로는 그럴듯하다.

8. 간주가 끝나고 새로 시작하는 진술의 단락이다. '그렇게'는 위의 말과 호응하는데 위의 말은 이미 1절에서 끝났다. 새로 시작하는 단락엔 새롭게 서술하는 게 좋다.

10. 어둠은 사라지는 성질의 것이다. 긍정의 힘으로 진술하기 위해선 내 몫으로 가져올 어둠보다는 사라지게

하거나 지워내는 게 전체 흐름에 매끄럽다.

주제에 천착할 때 비로소 작품이 된다.

첫 번째 단락과 두 번째 단락은 서로 호응하는가? 진술 꼬리잡기를 하고 있는가?

'네가 힘을 줬어→널 지켜줄게→넌 빛이야, 내 삶이야'가 매끄러운가, '네가 힘을 줬어→보답하듯 힘낼게→힘내서 널 지킬게→넌 빛이야, 내 삶이야'가 매끄러운가? 진술 꼬리잡기란 작품 전체를 하나의 맥락으로 모아주는 글쓰기의 기본이다.

어떤 희망도 없던 나에게 따뜻한 빛이 되어준 너

나를 믿는단 낯선 그 말에 죽었던 심장이 꿈으로 일어서지

난 살아낼 거야 어둔 밤 골목길 달빛이 되어볼게

길 위에 너의 집이 돼 볼게 너는 나의

delight delight delight delight my light 내 삶의 이유야

무얼 봤을까 너는 나에게 사람들 모두 등 돌릴 때

보여줄 거야 네가 발견한 내 안에 숨겨진 무언가 꺼내볼게

난 살아낼 거야 어둔 밤 골목길 달빛이 되어볼게

가야 할 너의 길이 돼 볼게 너는 나의

delight delight delight delight my light 내 삶의 이유야

널 지켜줄 거야 어둔 밤 골목길 별빛이 되어줄게

너만을 바라보며 빛날게 너는 나의

delight delight delight delight my light 내 삶의 이유야

<Delight>

<Delight>는 기원적 독백의 가사이다. 사랑이라는 체험을 통해 얻은 '무엇'을 쓰는 게 작품이다. 초고는 인과에 매몰되어 날 믿어줬으니 지켜줄게, 작가가 개입하여 결심하도록 한다. 예닐곱 회에 걸쳐 수정하여 퇴고하니 「세상이 한 사람으로 줄어들고 한 사람이 신으로까지 확장된다면 그것은 사랑이다.」라는 빅토르 위고의 말이 떠오른다.

개인적인 체험을 경험으로 확장하여 명언을 증명해

내는 일은 글쓰기의 좋은 습관이다. **주제에 천착**하여 글 쓸 수 있는 좋은 방법이기도 하다.

2. 팝송으로 연습하기

　- 가사는 음악과 불가분의 관계에 있음을 명심하라.

음악은 가사의 문법이며 소재를 제공하는 창구이다.

　가요 가사를 커닝하는 일은 매우 쉽다. 구성과 마디, 소재 등이 바로 전달되기에 별 고민 않고 쓸 수 있다. 데모 음악을 놓고 쓰는 단계에 들어가면 학생들은 '청음'의 기초를 했음에도 마디를 잘못 나누거나 멜로디를 잘못 들어 글자 수/음표를 많거나 적게 써낸다. 작곡가나 가수가 가이드를 불러서 건네는 데모 음악은 '라라라'로 불러주지 않는다. 대다수 작곡가는 가짜 영어로 팝송 부르듯 음악의 느낌을 전달한다. 우리는 그 데모 노래를 듣고 음절, 어절, 구성 등을 이해하여 주제, 제재,

소재를 정해 드라마타이즈 형식으로 가사를 쓴다.

'크리스마스'가 데모 노래에 들어있을 때 한글은 몇 글자로 쓸 것인가? 멜로디 음절에 따라 때로는 두 음절로, 때로는 세 음절의 한글로 부른다. 때에 따라선 네 음절이기도 하다. 웸의 <Last Christmas>에서는 두 글자로 부르고, 김연우의 <Blue Christmas>에선 세 글자로 부른다. 발음에 따라 멜로디의 음표가 결정되는데, 그것을 들을 줄 알아야 쓸 줄 안다.

멜로디를 이해하여 들을 수 있는가, 확인하기 위한 가장 좋은 재료가 팝송이다. 게다가 가사를 해석하다 보면 소재/장르를 커닝할 수 있다. 그러니 긴장을 풀고 음악에 귀를 열어 마음을 맡길 것을 권한다. 음악을 듣다 보면 어떤 장면 하나가 떠오르거나 단어 하나가 불쑥 고개를 내밀 때가 있다. 그 순간부터 음악이 건네는 모든 것들을 끼적이길 바란다.

글감 정리가 끝나면 팝 가사를 해석하여 비교하길 권한다. 메이저 가사인지, 마이너 가사인지 분위기 파악부터 어떤 사랑 이야기인지, 드라마타이즈인지 내가 끼적여 구상한 것이 맞는지 확인하는 것이다. 팝송을 놓고 연습하면 청음이라는 기술적인 부분과 소재/글감을 선택하는 기능적인 부분, 두 가지 경우로 습작할 수 있는 셈이다.

열 번이고 백 번이고, 들릴 때까지 들어야 한다.

그리하여 아래 팝송을 골랐는데 아무리 들어도 몇 글자로 써야 하는지 모르겠다고 하소연한다. 아무도 도와주지 않는다. 열 번 들어서 안 들리면 백 번 들어서라도 음절을 이해해야 한다. 구성 또한 어디에서 단락이 끊기는지 스스로 이해해야 한다. 청음이 되지 않으면 절대 작사가가 될 수 없으므로 백 번, 천 번을 들어서라도 멜로디를 이해해야 한다. 몇 군데는 도와주고, 몇 군데는 같이 들으면서 음절과 마디, 단락을 이해했다. 가사 전체 이미지는 멜로디와 악기가 압도하는 분위기에 고스란히 녹아들어 있다. 많이 들으니 들리는 것이고, 들리니 이해하는 것이다.

A/
땅거미가 짙게 깔린 적나절 네 왼손이 내민 편지

몇 번쯤일까 썼다 지웠던 게 너의 마음을 헤아리지

B/

끝없이 펼쳐진 창 너머의 풍경 목적질 잊기도 해

마음을 뺏겨 가끔 내리고 싶은 편도행 열차 안

C/

절대 내리지 않아 천국이라도

모두 말해줄 거야 나를 흔든 게 무언지

절대 내리지 않아 네가 아닌 도착지

그냥 스쳐 간 곳은 그렇게 지날 테니

B'/

눈앞이 흐려져 네 한 장의 진심 꼭 말해야 했던 걸까

이렇게라도 괜히 에두르면 조금 마음이 편해지니

B"/

헤매도 결국은 내게로 온단 한마디에 나 무너져

한 번이라도 내릴 생각 안 하는 네가 좀 가여워

C/

절대 내리지 않아 천국이라도

모두 말해줄 거야 나를 흔든 게 무언지

절대 내리지 않아 네가 아닌 도착지

그냥 스쳐 간 곳은 그렇게 지날 테니

절대 내리지 않아 너 아닌 도착지는

<편도>

(원곡: Sarah McLachlan <Angel>)

    윗글은 한 편의 모노드라마 같다. '너'라는 목적지에 닿기 위한 주인공의 고백적 진술은 잔잔한 감동을 준다. 해석과 설명을 곁들여 비유와 은유로 채운 가사는 매우 서정적이다. 서사도 잘 구축한 것으로 보인다.

    한 번 내리면 끝인 편도행 마음은 사랑의 결기쯤으로 읽히기도 하지만 간절한 소명으로 읽히기도 한다. 전체적으로 단정한 느낌을 주는 가사를 이 시대에 만나는 일은 쉽지 않다. 욕심이 나는 만큼 수십 차례 합평하고 수정하며 지배적 인상이 흔들리지 않도록 했다.

질문을 차단하는 글쓰기가 필요하다.

A/'적나절'은 저녁나절의 준말로 해석해내지만, 사전적 표준어는 아니다. 그러나 파생어로 이해할 수 있기에 '음악적 허용'의 범주에 두기로 했다. 멜로디와 딱 붙는 단어는 노래 부를 때 느낌을 확장 시키는데 이 단어가 그렇다.

편지 내용은 뭘까? 한 씬에서 해결해야 할 문제는 한 씬에서 해결해야 한다. 씨 뿌리고 거두는, **작품 전체**를 관통하는 **기승전결**이 있는 반면에 한 단락 안에서도 기승전결이 있다.

B/때로 다른 사랑이 다가오기도 하고 지금 사랑에 지칠 때도 있다. 그래서 내렸는가? 안 내렸다면 왜 안 내렸는가? A 단락과 마찬가지로 한 씬에서 인과를 드러내야 한다.

C/왜 나는 이토록 사랑에 매몰됐는가? 이 사랑은 대체 어떤 힘을 갖고 있기에 결심을 반복하게 하는가? 나를 흔든 것, 모두 말해준다는 그것, 그것은 무엇일까? 작가는 자신이 뿌린 씨앗을 키워 수확할 의무가 있다. 거두어야 한다. **질문을 차단하는 글쓰기**가 필요하다.

B'/우리는 모르고 작가는 아는 네 진심, 숨은그림찾기도 아니면서 숨겨놓은 혹은 진술 꼬리잡기를 잊은 문장은 모자란 진술이 된다. 온통 모호하다. 지나친 미문 의식을 가진 문장인 터라 문맥이 잘 잡히지 않는 것이다.

B"/너에겐 어떻게 두 개의 사랑이 가능했을까? 누군가를 마음에 품었으면서 어떤 연유로 나를 떠나지 않은 걸까? 나는 너에게 어떤 의미이기에?

처음, 녹음실에서 가수들에게 질문을 받곤 했다. "누나, 여긴 어떻게 불러?", "누나, 여기 가사는 무슨 뜻이야?" 질문은 크게 두 가지로 요약됐다. 질문을 받을 때마다 성심성의껏 설명했다. 그러다 차츰 질문을 받게 되면 설명 대신 고쳐 쓸 테니 우선 다른 부분을 노래하고 있으라고 했다. 작사가가 녹음실에 가 앉아있는 이유는 여기에 있다.

가수에 따라 특별히 예쁘게 발음하는 단어가 있는가 하면 발음이 안 되거나 예쁘지 않게 발성되는 단어들이 있다. 그 부분을 알아채서 그 자리에서 고쳐줄 수 있어야 한다.

한글은 받침법칙을 따른다. 발음할 때 유의해야 할 사항이기도 하다. 연음법칙이나 두음법칙, 구개음화 된 소리는 대개 헷갈리지 않고 발음하여 노래한다. 그런데 유독 받침법칙은 자주 틀리게 사용한다. '빛을 지고 있다' 같은 경우 '비즐 지고 인따'로 발음해야 하는데 '비슬 지고 이따.'로 발음하거나 '나뭇잎에 젖어서'는 '나문 니페 저서서'로 발음하는 대신 '나무 이페 저서서'로 발음한다. '흙을 밟고 가는' 경우 역시 '흘글 밥꼬 가는'으로 발음해야 하는데 '흐글 발꼬 가는'으로 잘못 발음하는 경우가 매우 잦다. 이때 작사가는 반드시 가수의 발음이 잘못됐음을 지적하여 고쳐 노래할 수 있도록 해야 한다.

기술적인 부분이 이러하다면 기능적인 부분에선, 가사 전체 맥락에서 이해하기 어렵거나 특별히 언술의 수위가 달라졌을 때 가수들은 본능적으로 그 부분을 알아챈다. 그리곤 어느 한 부분, 단어, 숙어, 문장을 콕 짚어 어렵다고 한다. 어떻게 불러야 하느냐고 묻거나.

노래 부르기 어렵다는 것은 고쳐달라는 것이지 설명을 듣고 이해하여 부르겠다는 뜻이 아니다. 거의 그렇다.

이후 질문을 받고 설명 대신 고쳐줄 테니 다른 부분 노래하고 있으라고 하면 가수들은 일제히 말했다. 고맙다고. 자기가 하고 싶은 말이 그거라고.

그러니 합평하면서 질문을 받았다면 설명하려 애쓰지 말고 고쳐 쓸 것을 권한다.

새로운 시도는 낯설지만 새롭고 신선하다.

<나에게로 떠나는 여행> 녹음 중에 가수들이 '텀블러' 단어에 고개를 갸웃한 적이 있었다. '텀블러'가 아직 생소하던 때였다. 그때 설명을 듣곤 이내 수긍하여 노래한 적이 있다. 모 가수에게도 '해사한' 단어를 써서 보낸 적이 있다. '화사한'이 아니겠냐고 이의제기를 해왔으나 사전적 표준어에 문맥상 훨씬 더 적확한 단어 사용임을 설명했다. 가수는 바로 이해하여 고치지 않고 노래 불렀다. 사실 이런 경우는 매우 드물다.

땅거미가 짙은 흐린 적나절

내 손에 쥐어진 편지

네 맘을 흔든 다른 사랑 있단

너의 고백을 읽게 되지

새로운 간이역 그 풍경에 취한 너만을 바라본 나

행복이라 믿으며 따라 웃어 준 내가 참 가여워

편도 열차와 같은 우리의 사랑

돌아올 수 없기에 좀처럼 내리지 못해

서로 비밀 같은 건 없기로 한 약속

그걸 지킨 네가 더 가여워 눈물이 나

나 그저 모른 채 웃게만 해주지 혼자만 묻어두지

미안한 마음 평생 내 곁에서 사랑으로 더 갚아주지

새로운 누군갈 두 눈 가득 품은 너만을 바라본 나

낮은 미소의 기쁨 나눴다 믿은 내가 참 가여워

편도 열차와 같은 우리의 사랑

돌아올 수 없기에 좀처럼 내리지 못해

서로 비밀 같은 건 없기로 한 약속

그걸 지킨 네가 더 가여워 눈물이 나

그걸 지킨 네가 더 가여워 눈물이 나

20고를 넘기고 보니 더 좋아질 것도, 더 좋아질 필요도 없어 보였다. 노래로 독서하다 보면 뭉클한 지점이 생기고, 그림도 그려지고, 순정하고도 단정한 캐릭터와 연인을 향한 애틋한 순애보도 느껴진다. 이것으로 충분하지 않은가.

「아무리 열렬한 연인들도 때로는 무관심과 진부함을 느낀다. 이들에게 사랑이란 단어는 그 틈새를 일시적인 것으로 만들고 두 사람을 이어주는 다리가 된다.」 올더스 헉슬리의 사랑에 대한 명언이 오버랩되기도 한다.

고유 분위기, 고유 진술/문장, 고유한 표현들이 노래를 오래도록 신선하게 불리게 하는 힘을 갖는다. 작사가에겐 기대하는 무엇을 갖게 하고, 그 무엇이 작사가에게 계속하여 가사를 맡기는 동기가 된다. 자신만의 문장을 갖는다는 것은 이토록 중요하다.

가사는 세 덩어리, 33 법칙으로 쓰는 게 좋다.

모든 이야기는 세 개의 가지를 가지고, 3단 논법을 통해 진술을 증명한다. 첫 번째 플롯 포인트와 두 번째 플롯 포인트를 기점으로 세 개의 덩어리로 나눠 이야기를 배열해야 한다.

verse 1—verse 2—chorus 음악의 구성은 크게 3덩어리이다. 1절과 2절로 반복하는 것뿐, 3연, 3문단, 3단락으로 해석된다. 진술도 크게 3덩어리이다.

만나고, 헤어지고, 그리워하고.

헤어지고, 그리워하고, 기다리고.

헤어지고, 재회하고, 영원을 맹세하고.

영원을 맹세하고, 헤어지고, 고통의 현실을 살고.

현실에 절망하고, 그래도 도전하고, 노력은 배신하지 않거나 배신하거나.

졸업하고, 사회생활에 눈뜨고, 부적응자가 되거나 적응하려 애쓰거나.

결혼하고, 신혼의 단꿈에 젖고, 세상이 속여도 끝까지 사랑하자고 약속하고.

꿈이 없다고 하고, 어른들의 걱정을 말하고, 난 나이길 원할 뿐이라고 하고.

설마?/!, 정말?/!, 그렇구나! 의 논증일 때 설득력이 제일 높다.

흥부는 구박을 받다 쫓겨나고, 제비를 도와 박을 타서 부자가 되고, 벌 받은 놀부를 용서해 형제가 행복하게 산다. 옛날이야기 <흥부 놀부> 이야기도 세 덩어리이다. 날라리 변호사였다가, 인권에 눈 뜨고, 꼭 이겨야 하는 재판을 통해 진짜 변호사가 되는 <변호인> 역시 세 덩어리의 이야기이다. 만담꾼과 광해를 교차 보여주다가 대역을 시키고, 왕의 대역을 하면서 진짜 군주가 되어 가고, 제자리로 돌아가면서 나라와 계급사회를 돌아보게 되는 <광해, 왕이 된 남자> 또한 세 덩어리의 이야기이다. 엄마가 떡 팔러 갔다가 호랑이에게 잡아먹히고, 오누이 역시 잡아먹힐 뻔하고, 동아줄 타고 올라가 <해님 달님>이 되었다는 옛날이야기 역시 세 덩어리이다. 권선징악, 사필귀정의 결론에 닿거나 인물의 성장 스토리 역시 세 덩어리임을 방증한다.

진술에 신뢰를 심어주고 싶다면 3단 논법으로 이야기하는 게 좋다. 작가가 개입하기보다 인물이 회의하고, 고민하고, 결정하게 하는 것이다. 결론/깨달음에 이르기까지 3단 논법을 사용할 때 이야기는 조금 더 흥미진진하다.

내러티브의 구축은 작품의 완성도를 높인다.

정해진 음악의 마디 안에서 **인과관계로 이어지는 허구 또는 실제 사건들의 연속**을 쓰는 일은 쉽지 않다. ('내러티브'의 규범 표기는 미확정이다.) 그러나 작사가라면 쓸 수 있어야 한다. 실제 작사가들은 수많은 작품을 통해 쓸 수 있다고 증명해왔다. 인과관계를 충분히 설명할 여백이 음악엔 마련되어 있지 않다. 그러므로 점프와 생략으로 시간을 개입시키는 것이 꼭 필요하다.

내러티브의 구축은 드라마타이즈의 완성과 밀접하다.

A/

저 밝은 햇살 아래 사람들을 봐요

사랑에 빠진 그들은 다른 세상 속에 있죠

B/

언제쯤 내게도 사랑이 올까요

오늘도 이 어둔 거리 내겐 그림자만 드리울 뿐

나의 빛은 어디에 있나요

C/

나를 비춰줘 매일 기도 해왔죠

나를 비춰줘 저기 저 연인들처럼

사랑하고 싶어요 My daylight

내 사랑을 환히 비춰줘

A'/

어둔 집 앞 골목에 작게 반짝이는 빛

어김없이 오늘도 날 기다리는 한 사람

B'/

수도 없이 거절했던 그의 고백들

운명 같은 사랑 꿈꾼 내겐 그가 안 보였었죠

늘 멀리서 난 사랑을 찾았죠

C/

나를 비춰줘 매일 기도 해왔죠

나를 비춰줘 저기 저 연인들처럼

사랑하고 싶어요 My daylight

내 사랑을 환히 비춰줘

D/

오늘은 왜 이럴까요 그를 보는 내가 떨려요

쿵쿵대는 심장소리 들킬 것만 같아요

반짝이는 그의 눈물과 사랑을 말하는 입술

너를 사랑해 너를 사랑해 너를 사랑해 yeah yeah yeah

귓가에 흐르는 심장에 꽂힌

그의 한마디 yeah yeah yeah (×4)

C'/

점점 빛나죠 그와 서 있는 이곳

점점 빛나죠 어둠이 걷히고 있죠

이제야 나 찾았죠 my daylight

가까이에 숨어 있었죠

점점 빛나죠 그와 서 있는 이곳

점점 빛나죠 어둠이 걷히고 있죠

<데이라이트(daylight)>

(원곡: KT tunstall <Suddenly I see>)

인과관계를 통한 점프와 생략으로 시간을 개입시켜 썼는지, 그 간격은 일정한지 보자. 주제는 어디에 노출 하였는지, 그 배열한 위치가 적당한지, 그리하여 주제가 귀에서 속삭이는지 보고, 주제는 무엇인지, 캐릭터를 통해 주제를 노출했는지 등등을 살펴보자.

독자들은 원곡을 놓고 위의 가사로 노래 불러보길 바란다. 앞의 가사 역시 노래 불러보길 권한다. 초고와 퇴고의 느낌이 어떻게 다른지, 먼저 낭송하는 형식으로 읽고 그리곤 반드시 노래로 불러봐야 한다. 가사는 노래로 부르는 것도 쓰는 행위의 연장에 있다.

문장/진술도 다이어트가 필요하다.

A/햇살 아래 사람들은 '어떤' 모습으로 있을까? 사랑에

빠졌는지, 작가의 눈엔 보이는지 몰라도 진술이 마련되어 있지 않으므로 독자/청자에겐 보이지 않는다. 사랑에 빠진 그들이 있는 세상은 지금 나의 세상과 어떻게 다를까?

B/'사랑 없음=어두운 거리 그림자 드리운 나, 빛없음'으로 등가관계를 성립시키는 게 맞을까? '이 어둔'은 '어두운'이 사전적 표준어이다. 그러나 '이' 한 글자가 작은 앞꾸밈음이기에 한 글자로 써야만 한다. 나는 이런 경우 '어둔'을 음악적 허용에 두어 용인하기로 한다. '어둔하다'로 오독될 여지가 없고, 의미 해석에서 어긋날 여지도 없기 때문이다. 그러나 가능하면 사전적 표준어로 쓸 것을 권한다.

C/B 단락의 진술을 물고 들어와 동어 반복하고 있다. **진술 다이어트**가 필요하다. 하지 않아도 될 말, 쓰지 않아도 될 꾸밈말, 결국 듣고 보면 같은 말은 하나의 문장/진술로 축약하는 게 좋다. 여태 종결어미를 높임말로 써왔는데 마지막 한 마디를 낮춤말로 썼다. 용언은 맞춰야 한다. 그리고 음으로 짚어지는 모든 멜로디엔 가사를 써야 한다. 목소리로 나올 모든 멜로디에 가사가 비어선

안 된다.

이 단락까지가 1절이다. 1절 전체를 먼저 살펴보자.

꼭 해야 할 말/중요한 진술은 1절에서 모두 해야 한다.

<daylight>는 연인들을 본 뒤 쓸쓸함을 토로하고, 사랑하고 싶다고, 기원과 청유로 1절을 마무리했다. 음악은 세 덩어리인데 가사는 두 덩어리이다. 플롯, 인물, 배경/시점을 음악의 기승전결에 대위 시켜 썼는가? 주제는 무언가? 무슨 말이 하고 싶어서 이 가사를 썼는가? 묻지 않을 수 없다.

2절에 이르러 이 작품은 소중한 것은 가까이 있음을, 등하불명(燈下不明) 사자성어를 증명하는 가사임을 알 수 있다. 가장 중요한 멜로디에 가장 중요한 진술을 하는 것은 당연한 일이다. 2절은 1절에서 하지 못한 말, 보충해야 할 정황/상황들을 쓰는 것이다. 1절만 듣고도 이야기/플롯이 영상으로 그려져서 작품이 하고자 하는 말이 들려야 한다.

A/'날 기다리던 한 사람이 느닷없이 '반짝이는 빛'으로 대상 전환이 될 수 있을까? 과정을 생략한 채 진술하면 1절에서 외로움에 지쳐 사랑을 꿈꾼 화자는 자신을 속인, 캐릭터를 위반하는 글쓰기가 된다. 어떤 **깨달음/사건**이 있었기에 '한 사람=반짝이는 빛'이 된 걸까?

B/화자는 깨달음 없이 작가의 리모컨에 의해 '그'를 알아본다. 일방적 주장은 허구일 가능성이 있다. 독자/청자로부터 동의를 얻어내려면 반드시 '과정/깨달음/사건'을 보여줘야 한다.

D/'너를 사랑해' 부분은 어미와 인칭을 혼용했다. 언술의 수위에도 맞지 않는다. 화자의 내적 갈등 없이 심상을 일방적으로 풀어놓은 진술은 허약하다.

어미와 인칭을 통일하고, 사건을 보여주는 것으로 수차례 수정하여 마무리했다.

저 사랑이 넘치는 사람들 얼굴 위로

늘 왁자한 기쁨의 햇빛이 떠 있네요

환한 저 빛 나를 비춰 주긴 할까요

반짝이는 사람들 틈 오늘도 난 초라한 걸요

맥이 풀려 집으로 가죠

*My daylight (shine on my life) 까만 집 앞 골목길

My daylight (shine on my life) 하얀빛이 반짝이네요

(shine on my life) 나를 비춰온 사람

My daylight (shine on my life) 당신 이제야 알아보죠

1절에서 세 덩어리의 이야기가 되었다. 사랑이 부럽고, 초라해지고, 내게도 사랑이 있었음을 깨닫는, 단락마다 그림이 그려진다. '까만'과 '하얀' 빛을 대조시켜 회화적 이미지도 만들어냈다. 노래 부르면서 주인공을 따라 집 앞에 도착해있는 나 자신을 발견하는 일은 가사로 꽤 유의미하다.

나 수없이 거절해 당신을 밀어냈죠

늘 멀리서 운명을 찾았던 나였기에

울적한 내 표정 보며 힘내란 당신

애써 짓는 당신 미소 나보다 더 지쳐 보이죠

울컥 내 맘이 뜨거워지죠

*반복

　사랑을 뒤늦게 알아본 이유를 배경 설명하는 것으로 2절 가사를 시작했다. 한 사람의 순애보에 눈뜨고, 운명은 스스로 알아보는 것임을 울컥, 깨닫는다. 그런데 운명을 알아보는 지점의 진술, B′ 파트는 여전히 약하다. 더 좋아질 수 없다고 결론 내렸다.

매일 집 앞에서 나를 기다린 빛,

아주 가까운 곳에 당신이 있었군요

이제야 한발 내밀어 나 가까이 가죠

심장이 떨려요 눈이 부셔 와요

내 빛 당신이죠

하나 둘 켜지는 세상의 불빛들 내가 눈을 뜨죠

달콤한 입맞춤 달콤한 눈맞춤

고개를 들어요 당신이 보여요

My daylight (Shine on my life) 점점 빛나는 당신

My daylight (shine on my life) 나의 햇빛 당신인걸요

(shine on my life) 삶의 풍경 속으로

My daylight (shine on my life) 한걸음 나 들어가 보죠

음악의 마무리에 가사로 변화를 줘서 반복되는 멜로디가 지루하지 않도록 했다. 가장 중요한 멜로디에 제목을 넣어 제목이 제목답게 들린다. 코러스/후렴의 첫 마디에 제목을 넣는 이유는 보편적으로 음악이 클라이맥스에 이르는 부분이기에 듣기 싫어도 들리는 경우가 많다.

중요 멜로디에 중요한 진술을 할 때 노래에 집중하게 된다.

작가들이 작품을 쓰기 시작할 때 가장 고민하는 부분이 있다. 어떻게 시작할 것인가이다. 시작이 반이라는 말이 작품 쓰기에서 비롯한 것인가, 확증에 가까운 의문이 들 정도로 시작이 어렵다. 음악은 코러스 첫 마디도

어떻게 시작할 것인가에 들어간다. 하여 가사는 두 군데, verse와 chorus 첫 두 마디를 어떻게 쓸 것인가, 고민하게 된다.

　"사랑해, 사랑해, 사랑해." 반복하여 호소하면 대체 뭐기에 이토록 간절한가? 가사를 들여다보기도 전에 "사랑해, 사랑해, 사랑해"를 무의식중에 흥얼거리고 있는 자신을 발견하기도 한다. 구성의 승리이다. 그렇다면 후렴구에만 제목/주제를 써야 하는가, 질문이 따라 나온다. 음악에 따라 다르다고, 숨도 쉬지 않고 대답한다.

　곡에 따라 도입부에 제목을 놓거나 코러스의 첫 마디에 제목을 넣기도 한다. 첫인상을 강렬하게 하면 곡과 가사에 대한 호기심이 유발되어 다음 가사에 귀를 기울이게 된다. 귀로 독서하게 하는 지점이다. verse2(=bridge라고 칭하기도 한다. 1절과 후렴 사이에 멜로디를 변주하여 verse2 개념으로 들어간 네 마디, 혹은 여덟 마디를 가리킨다. 1절과 후렴 사이를 이어주는 다리 역할을 한다고 하여 관용적으로 지칭하는 작곡가들이 있다.)의 가사를 제목으로 내세우기도 하는데 사건을 가장 충실하게 설명해주고 있는 진술일 때 그렇다.

가사 전체를 관통하는 키워드를 제목으로 내세울 때도 있는데 이런 경우엔 작품 전체가 은유와 상징이 되거나 제목을 방증하는 진술이기 쉽다.

카피라이터가 되어 통속적으로 소통하려는 의지를 드러낸다.

작가가 예술 작품을 창작하려는 의도는 생산자가 제품을 팔려는 의도와 다를 바 없다. 많이 팔릴/들릴/불릴수록 좋다. 좋은 작품을 만들어 세상에 내놓는 일은 유의미한 일이다. 예술가와 생산자의 중간인 상업문학으로써의 가사 쓰기는, 때로 한 줄의 카피를 원한다. 귀에 꽂히기 위한 찰나의 문학이 절실한 것이다. 한 줄의 카피 같은 문장을 만들어 낼 수 있는 것은 작사가에게 필요한 덕목이기도 하다.

토니 안의 <사랑은 가질 수 없을 때 더 아름답다>는 제목만으로 소비 욕구를 불러일으킨 작품이었다. 반어적이고 역설적인 제목 때문에 작품을 들여다보고 싶게 한다. 「산소 같은 여자」 여섯 글자로 화장품은 불티나게 팔렸었다. 「빠름 빠름 빠름」 반복 어구로 통신사를 갈아

타기도 했다.

「닦을 수 없는 그리움이 있다.」그 말 뒤에 티슈가 클로즈업된다. 「또 다른 세상을 만날 땐 잠시 꺼두셔도 좋습니다.」역설적으로 핸드폰을 꺼두라는 말은 바쁜 일상에 지친 소비자들을 열광하게 했다. 「침대는 가구가 아니다. 과학이다.」이 카피는 초등학교 시험 문제에 답을 헷갈리게 할 정도로 공전의 히트를 기록했다.

한 줄의 카피는 독자/청자들의 뇌리에 쉽게 각인된다. 무의식중에 노래를 흥얼거릴 때가 있는데 그 구절은 기억에 남는 문구일 때가 대부분이다. <아름다운 구속>이라는 역설적인 표현은 '사랑은 사람을 변하게 한다. 아름다운 구속'으로 치환되어 수많은 작품 제목에 패러디되었다. 유명한 잡지 제목에도 인용되었다.

친절한 진술 이해하기.

대화는 소통의 시작이다. 딱딱한 문장 대신 말을 건네듯 쓰는 문학 작품은 조금 더 가독성이 붙는다. 대화체, 회화체, 문어체는 대화하는 형식, 말하는 형식의 문장이다. 날것의 녹취록이 아니다. 그런데 많은 가사를 보다 보면 소설 속 "…"의 대화가 가사의 전부로 오해하여 쓰인 작품들이 있다. 대화하듯이 쓰라는 것은 정황, 상황, 배경을 대화 속에 넣어 친절한 진술을 하라는 뜻이다. 정황을 설득시켜야 가사는 전달이 된다.

내가 아는 이야기는 순전히 나만 안다. 내가 안다고 해서 모두 아는 이야기가 아니다. 그런데도 다짜고짜 쓸 때가 있다.

"나 드디어 취직했다."

"어디? 언제부터 출근이야? 어떻게 붙었냐?" 연이어 질문이 나오도록 말을 꺼낼 것이냐,

"나 00회사 붙었는데 다음 달부터 출근이다. 면접 볼 때 기다린 질문이 나와서 정말 운이 좋았어."

"와, 축하한다. 술 사!" 꼭 필요한 정보를 모두 전해서 그다음 단계의 대화로 나가도록 쓸 것이냐, 고민 없이 가사에선 두 번째 대화를 선호한다.

네 미솔 보면 자꾸 눈물이 나

눈 뜬 현실에 밝은 네 모습 잃게 될까 봐

내 품에 처음 널 안던 날 가슴 아파 흘린 눈물

삶이란 먼 길에 어린 널 두고 간 한 사람이 미워져

<너는 특별해> 중

어린 몸으로 홀로 세상에 남겨진 누군가를 보고 쓴 정황이 한눈에 이해된다. 다만 첫째 줄과 셋째 줄은 진술을 다이어트하여 하나의 문장에 쓰는 게 좋겠다. 측은지심의 마음이 지나친 것으로 보이고, 감정의 노출이 거듭되면 독자/청자들은 불편해진다. 또한 '버려짐=밝은 모습 잃음'으로 등가관계를 성립시키는 것이 거듭한 비관이 아닌가, 불편해진다. 삶은 받아들이는 사람에 따라 슬픔도 기쁨도 만족도가 달라진다. 그러니 눈물은 내 기준이지 '네' 기준이 아니다. 이런 글쓰기는 경계하는 게 좋다. 다만 현상을 바라보는 작품 자의 눈은 아름답다.

화자/캐릭터의 입을 빌려야 한다.

문청들이 통과의례처럼 지나가는 문장들이 있다. 맨 앞에서 언급했던 외화성 언어, 기계취, 현학취가 대표적이다. 철학의 사유 없이 철학적 문장을 동원해봐야

피상적 인식에 불과하여 유치해지기 쉽다. 누군가 이미 썼던 방식으로, 익히 보아온 문장을 재탕하는 일은 창작의 빈곤함을 드러내는 일이다. 자신이 아는 것/깨달은 것이 전부인 양, 세계관을 전면에 내세워 가르치려 드는 일은 피곤함을 유발한다. 사건의 개연성, 서사의 필연성 없이 작가가 일방적으로 정보를 전달한 뒤 훈계하는 식의 글쓰기는 거부감이 든다. 동의를 얻어내기 어렵기도 하다.

가치판단이 아닌 사실판단을 하는 장르인 가사에선 특히 거부감이 심하다. 가수가 노래 부르는 게 아니라 가르치고 있다는 느낌을 받기 때문이다.

<사랑은 가질 수 없을 때 더 아름답다>는 말은 자못 항의받기 쉬운 문장이다. 그러나 사랑을 잃은 화자/가수의 입을 빌려 스스로 위로하는 말이기에 거부 반응 없이 히트했다.

생생하게 살아있는 인물을 통해 통렬하게 깨닫게 하는 것이 가사이다. 가수/화자/캐릭터의 입을 빌려 깨달음을 전달할 때 우리는 그 깨달음에 동참한다. 담백하게 쓸수록, 쉽게 쓸수록 동참의 무리는 많아진다. 인물의

능동적 깨달음이야말로 가장 효과적인 아포리즘이다.

관습적이고 현학적인 글쓰기는 하지 않는다.

어린 시절의 순수를 꿈꾸는 가사를 쓴다고 가정해보자. 이 작품은 어른들을 위한 동화가 될 가능성이 농후하다. 그런데 대개 가사는 '다시 한번 그때로 돌아갈 수 있다면 텅 빈 마음을 채우고 싶다.'고 쓰는 경우가 많다. 관념적일 뿐 의미가 충실하게 다가오지 않는다. 담백하게, 쉽게, 직설화법이 가장 좋은 문장이 된다.

낡은 다락 한쪽 구석 오래된 사진

스무 살의 내가 서 있다 워~

다 떨어진 여행책이 전부였었던

그때의 난 이렇게도 지쳐 보였나

떠나 쏟아지는 햇빛 끝이 없는 바다 꿈꾸던 곳으로

거기 가만있지 말고 어서 뛰어나가 나중이란 없어

<나로부터 나에게> 중

이 작품은 브리티시 팝 곡에 추상적인 제목을 달고 썼다. 스무 살의 내가 어떤 모습인지, 왜 하필 오래된 사진을 보게 된 건지 정황에 대한 진술이 생략되어 있다. 작가가 조종한 인물이 다락에 오르게 되는 것이다. 게다가 요즘 세대에겐 '다락'이라는 공간은 낯설다. 상징적인 장소로 인식되는 진술이 필요하다. '다 떨어진 여행책이 전부'라고 규정하는 추억은 정보제공 차원에서 독자/청자들과 공유해야 한다. 여행을 꿈꾸며 배낭여행 책만 들여다보다 결국 무산된 그때의 아쉬움이라든지, 그때와 별다를 바 없이 중년에 꾸는 꿈과 대조시켜 '떠나'라는 진술이 나올 수 있도록 현재의 부족한 '무엇'을 써야 한다. 조금 더 친절한 글쓰기가 필요하다.

두 번째 단락은 씨뿌리기 없이 수확한 문장이기에 관념적이고 관습적인 문장이 된다. 그렇기에 지쳐 보였던 청춘에 대해 울림이 생기지 않는다. 물리적 성질과 형태를 드러내는 비유를 사용하여 아포리즘을 드러낼 때는 질량과 부피가 같아야 한다. 비유로 쓴 재료는 유사해야 하고 원관념과 보조관념의 무게 역시 같아야 한다.

낡은 다락 한쪽 구석 오래된 사진

스무 살의 내가 서 있다 워~

빛이 바랜 사진보다 더 바랜 얼굴

어깨 위에 놓인 짐을 내려놔 볼까

떠나 쏟아지는 햇빛 끝이 없는 바다 꿈꾸던 곳으로

한 번뿐인 시간 가장 푸른 오늘 다시란 건 없어

　중년의 피곤함은 스무 살의 나를 돌아보지만 삶은 조금도 나아지지 않았음을 알게 된다. 고치고 보니 그렇다. 스무 살, 막 사회에 첫발을 내딛던 두려움과 설렘은 사실 3년까지 유효하다. 모라토리엄족 혹은 N포세대에 진입한 자신을 발견하는 청춘들에겐 스무 살조차 그리운 나이가 된다. 하루쯤 일탈한다고 해서 삶이 달라지랴! 이 시대 누구나 공감할 수 있는 가사로, 어른들을 위한 동화쯤으로 잘 고쳤다.

　다시 강조하여 말한다. 가르치듯이 가사를 쓰는 것은 자기과시이다. 게다가 그것이 비논리적일 때엔 현학적이라는 타이틀도 얻어내지 못한 채 비문이라는 함정에 빠진다.

—

3. 가사, 무엇을 쓸까?

—

—

지구상에 더는 새로운 이야기가 없다.

먼저 살다 간 작가들이 이미 다 썼으므로.

그런데 고맙게도 현실에 발을 딛고

살아가는 사람들의 이야기는 매일 새롭게 생긴다.

- 소재와 소재주의는 엄격히 구분한다. 중에서

—

1. 무슨 말이 하고 싶어 나는 글을 쓰는가?

- 무엇은 주제이다. 작가의 사상이며 작가의 목소리이다.

체험은 좋은 글감이다.

보편적으로 글을 쓰고자 하는 사람들을 만나면 쓰고 싶은 '무엇'이 있다. 그들에게 '무엇'을 왜 쓰고자 하는지 물으면 "내가 겪은 일은 정말 소설이거든요." 망설이지 않고 대답한다. 이때 소설은 가사, 시, 영화, 드라마, 수필 등 모든 장르와 치환된다. 직접 겪은 '일=사건'은 글감으로 매우 유능한 소재이다.

자기 자신의 이야기 혹은 체험을 쓰려는 것은 그 이야기를 누구보다 잘 알고 있기 때문이다. 지어낸 이야기가 아닌 것은 울림의 폭이 크다. 진심을 담기 때문이다.

그런 이유로 팬/독자/청자로부터 신뢰를 받기 쉽다.

그런데 그들이 '겪은 일=체험'을 듣다 보면 누구나 다 아는, 겪었음 직한, 새로울 것 없는, 뻔한, 그렇고 그런… 진부한 이야기에 불과한 경우가 대부분이다. 혹은 짤막한 토막에 그칠 때가 있다. 하나의 일화에 불과한 이야기는 소재이다. 그런데도 많은 작사가 지망생들은 겪은 이야기를 새로운 이야기 인양, 나만이 특별한 경험을 한 양 자신하여 쓴다.

감상에 매몰되어 두서없이 배설하여 전달하는 것, 그리하여 내 가슴의 주소와 공유하는 것이 **가사 쓰기**라고 믿는다. 배설물, 이른바 내 감정을 구토해놓은 찌꺼기와 오물을 작품/상품이랍시고 내놓고 팔겠다고 하는 것은 가사 장르에 대한 몰이해이다. 즐겁거나 놀랍거나 슬프거나 가슴 아픈 따위의 체험은 친구들에게 수다로 늘어놓으라. 그리고 함께 웃고 즐기며 넘기거나 위로받으라.

소재와 소재주의는 엄격히 구분한다.

소재에 국한하거나 카피 같은 한 줄의 문장으로는

가사가 될 수 없다. 소재주의 작품은 있으나, 소재에 국한하는 작품은 없다. 이별 후 그리움에 대해 줄곧 떠들고 끝나는 가사들이 있다. 소재주의에 우선한 작품이라고 판단한 모양이다. 이별 후 그리움에 앓다 보니 '무엇'을 알게 되더라, 삶에 '어떤' 변화가 내게 영향을 끼치더라, 깨달음까지 가야 한다. 사랑에 빠지고 보니 세상 전부가 내 것 같다, 이 사랑이 영원했으면… 기원으로 끝나는 가사도 많다. '왜' 이 사랑이 영원하길 바라는지, 세상 전부가 '어떻게' 내 것 같은지, 이 사랑이 내게 '어떤 영향/깨달음'을 줬는지까지 써야 한다. 소재는 주제를 드러내는 하나의 재료이다.

아이디어/발상에 살을 붙여서 '왜?'와 '어떻게?'에 대한 해답을 찾아내야 한다.

지구상에 더는 새로운 이야기가 없다. 먼저 살다 간 작가들이 이미 다 썼으므로. 그런데 고맙게도 현실에 발을 딛고 살아가는 사람들의 이야기는 매일 새롭게 생긴다. 어떤 영화도, 소설도 현실을 이기지 못한다는 말을 떠올리는, 호들갑을 떨어도 좋을 만큼 새로운 이야기는 매일 쏟아진다.

가사 쓰기는 일기 쓰기나 다큐멘터리 기록이 아니다. 그러나 일기장에서, 다큐멘터리 기록에서 가사 소재는 발굴된다. 살아가는, 기록된 소재/재료에 살을 붙여 이야기에 가장 잘 어울리는 인물의 입을 빌려 '무엇'을 이야기하는 것이다.

학생들에게 일기를 쓰게 할 때가 있다. 그 일기를 바탕으로, 팝송 가운데 가장 어울릴 만한 곡을 골라 가사를 붙여오라고 한다. 이 작업은 음악을 많이 듣게 하는 것과 소재에 어울리는 음악을 골라낼 수 있는 안목을 키울 수 있는, 두 개의 학습 목표를 갖고 이루어진다.

내 일기에서 출발했으되 인물이나 '무엇'은 나로부터 최대한 벌려야 한다. 새로워야 한다. 새로울 자신이 없으면 기막힌 명문으로 쓰든가. 이미 누군가 다 쓰고 버린, 유통기한이 지난 인물과 '무엇'을 꺼내 들어선 작가로 나아갈 수 없다. 이렇게 강조하여 이야기했음에도 고른 곡에 일기를 고스란히 담는 경우가 있다. 일기는 지극히 개인적인 영역이므로 민낯을 보는 것 같은 불편함이 스며든다. 일기는 핵심 경험을 제공하는 소재일 뿐이라는 사실을 명심해야 한다. 와중에 핵심 경험을 소재로 깨달은 '무엇'을 써서 제출한 작품도 있다. 한갓 일기가 작의와 주제를 품은 이야기가 되는 경험은 즐겁다.

트라우마는 작가의 출발점이다.

콤플렉스와 트라우마는 작가에게 좋은 밑천이다. 내성적인 작가의 작품에서 외향적인 주인공을 만나는 일은 어렵지 않다. 이루지 못한 사랑을 판타지에 가깝게 이루어 내면서 치유 받을 수도 있다. 가난을 극복하고 재벌에 오르는 꿈을 이룰 수 있고, 첫사랑과 재회하여 비둘기집을 일굴 수도 있다. 하지 못한 고백을 할 수도 있고 질질 끌어온 이별을 통보할 수도 있다.

많은 작가/작사가들이 자신의 트라우마에서 글쓰기를 출발했다. 내면을 고백함으로써 앞으로 나아갔다. 그런데 가사에선 제한된 글쓰기에 갇혀서인지 자신의 트라우마를 발설하는 것으로 작품을 끝내는 경우가 있다. 트라우마를 발설하는 자체는 글이 되지 않는다.

내밀하거나 아픈 고백은 배설과 하소연 사이에 머물기 쉽다. 거리 유지가 어려운 까닭이다. 가사 장르에서 특히 자주 보이는데 트라우마는 작품 안에서 극복하는 것으로 활용되어야 한다. 배설이 아닌 **발설**이 되도록 해야 한다. 고자질이 아닌 고발이 되도록 해야 한다.

작품은 체험을 바탕으로 얻어낸 깨달음, 혹은 경험을 관통하는 이야기가 함의하고 있는 담론을 풀어놓는 공간이다. 한 마디로 겪은 일을 통해 '**깨달은 무엇**'을 쓰는 것이다.

소재와 화자 사이에 거리 유지가 필요하다.

세상의 모든 작가는 자신의 이야기를 거쳐 본격 작가가 된다. 내가 겪은 '무엇'을 왜 쓰고 싶은지 들여다봐야 한다. 왜 세상에 내 이야기를 내놓고 싶은지, 글감으로부터 한 걸음 떨어져 생각해야 한다. 감수성을 자극하여 감정적 동의를 얻고 울림을 확보하여 깨달음을 공유하기 위해선 미시적 담론으로 발설하여야 한다. 감수성에 영합하여 수다, 한풀이, 분풀이, 고민 상담이 되면 배설물이 되고 만다. 깨달음은 미시적 경험/담론이 거시적 경험/담론으로 확장되는 지렛대가 된다.

통속적으로 소통하기 위해선 정서적 동질성이 확보

되어야 한다. 그러기 위해서 작품과 '나=작가와의 거리'
는 반드시 유지되어야 한다. 얼굴도 모르는 타인의 하소
연은 듣기 싫은 소리가 된다. 듣기 좋은 소리도 열 번 들
으면 싫거늘.

왜 쓰고 싶은지 들여다보기가 끝난 글감/발상이 새롭
지 않다면 과감히 버리는 것도 하나의 선택이다. 꼭 써
야겠다면 앞에서 열거한 것들을 기억하여 새로운 것으
로 쓰길 바란다.

아포리즘을 환기하라.

무슨 말이 하고 싶어서 이 이야기를 쓰고자 하는가?
거리를 유지한 채 들여다보라고 했다. 단순히 겪은 이
야기를 쓰는 것은 배설이거나 하소연이기 쉽다고 했다.
하여 겪은 이야기/사건을 통해 깨달은 무엇이 **아포리
즘(aphorism)**으로 성립되는가, 들여다볼 것을 권한
다. 인물을 통한 '해석'은 세계관/철학을 드러내는 도구
이다. 글쓰기의 행위는 결국 작가의 목소리를 들려주는
일이기 때문에 그렇다.

기다릴 줄 아는 지혜를 사람들은 패배라고 하지

돌릴 수 없는 삶을 연습하듯 살 수 없어

이덕진 <기다릴 줄 아는 지혜> 중

사랑에 신중한 인물을 내세워 세상의 규정은 옳지 않다고 항변한 가사이다. 물론 결론은 돌다리를 몹시 두드리다 사랑을 잃어버리고 후회하는 것으로 끝난다. 그것은 결과일 뿐, 과정에서 신중함을 선택한 것은 주인공의 가치관 때문이다. 당장 눈앞에 주어진 것을 쥐기보다 기회를 기다려 내게 가장 좋은 내 것을 선택하고 싶은 것이다. 이번만 실패했을 뿐, 다음도 실패했을 거라는 보장은 없다. 그러므로 주인공/화자에게 기다릴 줄 아는 것은 지혜이다.

기다리다 지쳤나요 나무 되어 뿌리내릴

사랑을 믿었다면 이기적인가요

어둠보다 더 어둡게 그 마음을 내렸나요

모르는 사람보다 우린 더 멀어요

임태경 <voyage(항해)> 중

뒤늦게 이별을 완료하는 연인들의 관계에 대한 해석이다. 기다려주지 않은 연인을 향한 아쉬움을 캐릭터/화자의 입을 빌려 발설했다. 사랑을 믿은 주인공과 기다림에 지쳐 돌아선 연인의 변심은 어디에나 있는 이야기이다. 보통의 연인들은 이별 후에 다시 만나길 바란다거나, 기다린다거나, 그리워한다거나, 잊는 것으로 관계를 정리한다. 이 작품에서 화자는 모르는 사람보다 더 먼 관계가 됐음을 깨닫는 것으로 관계를 정리한다.

대체 모르는 사람보다 더 먼 관계는 얼마나 먼 걸까? 아득해지면서 이 사랑은 기다림도, 그리움도, 잊는 것도 허락받지 못했구나! 통렬한 지점에 닿는다. 기다림을 당연하게 여긴 이기적인 화자에게 어울리는 깨달음이다.

주제와 작의는 작품의 출발점이자 도착점이다.

작가가 예술 작품을 창작하고자 하는 의도는 생산자가 제품을 팔고자 하는 의지와 맞닿아 있다. 하고 싶은 말을 가장 효과적으로 전달하는 것, 그리하여 통속적으로 소통하게 하는 것이 창작물이 가져야 할 합목적성이다. 상업문학이라는 목적에 적합한 방식으로 존재하는 유일한 성질인 것이다.

창밖에 앉은 바람 한 점에도 사랑은 가득한 걸

널 만난 세상 더는 소원 없어

바람은 죄가 될 테니까

(중략)

살아가는 이유, 꿈을 꾸는 이유 모두가 너라는 걸

네가 있는 세상 살아가는 동안

더 좋은 곳은 없을 거야

10월의 어느 멋진 날에

김동규 <10월의 어느 멋진 날에> 중

"엄마가 됐다는 것, 그것으로 충분했던 10월"을 노래한 가사이다. 이 가사를 연서(戀書)로 알고 있는 사람들이 꽤 많다. 그 바람에 결혼식장에서 축가로도 자주 불린다. 밝히건대 이 가사는 아들을 품에 안은 채 속삭

♪✎

이는 엄마의 혼잣말이다. 아이는 세상에서 받은 가장 큰 선물이었다. 받고 보니 온전히 내 것인…, 선물을 완성해야 할 책임 또한 온전히 내 것인…, 엄마가 된다는 것은 **무한 기쁨과 책임을 동시에 갖는 일이다. "내가 어떤 사람이냐보다 아이에게 어떤 사람이 되느냐"**가 더 중요해진다.

인간에겐 관성의 법칙이 있다. 행복하면 더 행복하길 바라고, 복권에 당첨되면 더 큰 액수가 아닌 것에 실망하기도 한다. 엄마가 되고 보니 관성의 법칙을 깨닫는 지점에 닿았다. 더 바라지 말자고, 이것으로 충분하다고, 삶을 환기하는 지점을 쓴 것이다.

결혼식장에서 이 노래를 부른다면 기억해주길 바란다. 아기를 갖지 않고 부부만 살기로 한 일부 선택을 제외하면 결혼한 남녀는 조만간 부모가 된다. 훗날 아기에게 어떤 부모가 될 것인지, 축가를 들으며 생각하면 좋겠다. "살아가는 이유, 꿈을 꾸는 이유"와 같은 동기부여가 좋은 부모로 이끌어주길 바란다.

작품은 소비자/팬의 것이다.

<10월의 어느 멋진 날에>는 개인적 경험을 미시적으로 풀어낸 가사이다. 연인들의 고백으로 치환되든, 아가페로 치환되든…, 작가의 손을 떠난 작품은 작품을 소비하는 독자/팬을 통해 그들 각자의 것으로 사용된다. 그리하여 이 작품은 개인의 경험인 듯, 자신의 체험/심상에 환유, 미시적 담론을 거쳐 자기 지시적인 거대담론으로 확장됐다. 클래식 음악 장르에 맞춰 클래식 소재(=모성)를 전면에 내세워 음악의 메시지를 해석해낸 것도 많은 동의를 받았다. 이 작품의 생명력이 길어진 이유이다.

점점 넌 멀어지나 봐 웃고 있는 날 봐

때론 며칠씩 편하게 지내

점점 널 잊는 것 같아 먼일처럼

점점 넌 떠나가나 봐 하루는 미치고

다음 날이면 괜찮아졌어

다만 슬픔에 익숙해질 뿐인걸, 점점

(중략)

Long goodbye no way you know

이젠 낯선 목소리에 너를 모르는 걸

시간은 너를 다 버리고

내 슬픔도 이젠 멀어져가 점점

브라운아이즈 <점점> 중

I believe in you, I believe in you mind 벌써 일 년이 지났지만

일 년 뒤에도 그 일 년 뒤에도 널 기다려

브라운아이즈 <벌써 일 년> 중

오늘 하루 행복하길 언제나 아침에 눈 뜨면 기도를 하게 돼

달아날까 두려운 행복 앞에

널 만난 건 행운이야 휴일에 해야 할 일들이 내게도 생겼어

약속하고 만나고 헤어지고

김종서 <아름다운 구속> 중

<점점>은 "기억의 총량"에 관해 쓴 가사이다. 이별엔
예의가 필요하다. 쉽게 잊는 것도, 오래도록 기다리며 놓
아주지 못하는 것도 이별에 대처하는 올바른 자세라고

생각지 않았다. 사람마다 100M 달리기를 주파하는 시간이 다르듯 한 사람을 보내고 잊는 시간도 다르다. 하루 아침에 사라지는 기억이 아닌, 각자의 속도에 맞게 **"매일 조금씩, 점점 잊히는 것=기억"**이라고 말하고 싶었다.

<벌써 일 년>은 **"일 년 단위 시간이 갖는 규칙/지속성"**을 쓴 글이다. 사랑에 우직한 한 캐릭터를 내세워 추상적인 그리움이 1년 단위로 반복하는 규칙성을 통해 쳇바퀴 도는 그리움에 구체적 형태를 갖추도록 했다.

<아름다운 구속>이 히트했던 1997년 당시는 양다리, 문어 다리로 뻗친 연애를 자유인 것으로, 자의적 해석이 난무하던 시기였다. 시대의 연애 상이 불편했고 궤변으로 치부하고 싶었다. 사랑은 1:1로 서로만 아는 '순수=아날로그'가 좋지 않은가! 웅변하고 싶었다. 자연 사랑이 갖춰야 할 예의/의리를 내세워 **"사랑은 있거나 없는 것, 두 마음은 사랑이 아닌 것"**을 주제로 길어 올리게 되었다. 토니 모리슨의 「사랑은 있거나 없다. 가벼운 사랑은 아예 사랑이 아니다.」라는 명언과도 맞닿아 있는 주제이다. 덕분에 그해와 그다음 해 연속하여 직장인들 리퀘스트 1위에 올랐던 기억이 있다. 직장인들이

사랑의 현주소를 가장 많이 소지하고 있구나…, 짐작하기도 했다.

주제는 짧은 단문으로 말할 수 있어야 한다.

작가의 목소리, 소통하고자 하는 의지를 드러내는 것이 글쓰기이다. 그런데 그것이 감정적인 부분에 치우쳐서 감상이 되는 순간 배설물이 된다. 그러므로 말하고 싶은 '무엇'이 머릿속에 착상되면 무작정 쓰고 볼 게 아니라 왜 이 글을 쓰고자 하는지 고민해야 한다. 이때 객관적인 위치로 물러나 **거리를 유지**하여 글감을 다듬는 것은 매우 중요하다.

위에 예를 든 작품들은 모두 주제/작의/하고자 하는 말이 단문으로 정리된다.

학생들 작품을 놓고 합평하면서 "무슨 말이 하고 싶어 썼니?", "왜 썼니?" 물으면 설명이 장황하다. 소재에 국한한, 혹은 짧막한 콩트에 지나지 않을 토막을 썼으니 단문의 문장으로 정리되지 않는 것이다. 때론 오브제로 좋을 제재를 주제로 착각하여 쓰기도 한다. 제재와 주제는 엄격하게 구분된다. 초등학교, 중학교 국어 시간에 우린 이미 충분히 배웠다.

영화 <고스트(사랑과 영혼)>는 할리우드에서 꽤 유명한 후일담을 갖고 있다. 작가가 시나리오를 써서 영화사에 갖고 가면 제작자는 묻는다. 이 영화가 하고자 하는 이야기가 뭐냐고. 작가는 신이 나서 내용을 설명하는데 그게 3분을 넘어가면 제작자는 예의 차려 대답한다. "그거 흥미롭군요." 그것으로 끝이다. 낙담하여 돌아온 작가는 <고스트>를 다시 고쳐서 다른 영화사로 찾아간다. 그런데 자신의 이야기를 전달하는데 조금 바뀐다. 시간도 단축되고 이야기도 집약하고 있는 자신을 발견하는 것이다. 그렇게 스물세 번을 고쳐 쓰고, 찾아간다. 영화사에 들어가 작품을 소개하는 동안 작가는 어느새 자신의 영화를 3분 안에 요약할 수 있게 된다. 영화가 하고자 하는 이야기/주제를 몇 개의 어절로 정리할 수 있게 된 것은 물론이다.

하나의 작품을 놓고 몇십 번을 고쳐 쓰면서 작가는 하고자 하는 이야기를 보다 선명하게 정리했다. 그것은 곧 투자로 이어졌다. 이후 '3분 스피치'는 공식화되었다.

세상의 모든 이야기를 전하는 것은 같은 방식으로 이루어진다.

작사가 지망생들에게 당부한다. 내가 쓴 글이 5어절 내외의 단문으로 주제가 정리되는가, 스스로 묻고 답하는 반복 습작이 필요하다.

2. 작가의 의무를 다하고 있는가?

 - 시대를 증언하는 것이야말로 작가에게 주어진 의무이다.

시대를 지배하는 화두가 '무엇'이다.

노랫말/가사를 포함하여 발표되는 모든 장르의 작품은 세상에 말을 거는 일이다. 작가는 말하고 싶은 무엇이 있어 글 쓰는 행위를 통해 거시적이든 미시적이든 담론을 제공한다. 그것이 작품을 쓰는 행위의 시작이다. 모든 문학 작품은 시대를 증언하는 역할을 충실히 실행해왔다. <단장의 미아리고개>, <전선야곡>, <이별의 부산 정거장>을 통해 한국전쟁을 들여다봤다. 베트남 참전 당시엔 <월남에서 돌아온 김 상사>, <전우가 남긴 한 마디> 등의 노래가 시대를 증언했다. 민주주의와 노동인권을 부르짖던 시대엔 <아침이슬>, <금관의 예수>, <사계>, <상록수> 등이 히트했다. 이 노래들은 스테디셀러가 되어 여전히 불리고 있다. 이 노래들을 부르며 시대를 추억하고 그 시절을 소환한다. 시대가 작가에게 글감을 제공해온 셈이다. 노랫말 역시 그 흐름에 충실했다. 적어도 90년대, 2000년 초반까진 그랬다.

80년대 광장의 언어가 사라지고 문학은 미시적 경험에 충실했다. 거대담론이 사라진 90년대엔 다양한 화두가 오갔다. IMF를 맞아 '아버지'가 화두였고 이후 웰빙과 힐링이 사회의 주요 화두였다. 평화로운 시대였다. 사랑만을 주야장천 떠들어도 미안하지 않은 시대였다. 페미니즘과 386세대의 불안, 칙릿이 그다음 화두였다. IMF 경제 위기를 온몸으로 건너온 아버지들을 위무하는 시대였다.

현재는 청년 세대가 실감하는 불평등과 불완전한 삶을 드러내는 민달팽이족, 캥거루족, N포세대와 정치의 정의를 부르짖는 적폐 청산, 사법 농단 심판, 현재 자신의 행복을 가장 중시하고 소비하는 욜로(YOLO/You only live once), 일상에서 느낄 수 있는 작지만 확실하게 실현

가능한 행복. 또는 그러한 행복을 추구하는 실리주의자들에겐 소확행(小確幸. 덴마크의 '휘게(hygge)'나 스웨덴의 '라곰(lagom)', 프랑스의 '오캄(au calme)'과 맞닿아 있다.), 최저임금 등등이 화두로 뒤엉켜있다. 불평등하고 불공정한 사회일수록 화두는 집약의 형태를 띤다. 반면 다양한 화두가 럭비공처럼 뛰어다니는 시대는 자유를 상징하기도 한다.

대중가요 가사는 이토록 다양한 화두를 담아내고 있는가, 돌아볼 필요가 있다.

삶이 곧 이야기이다.

학생들은 발표된 곡으로 구성과 청음을 학습하며 주제를 드러내는 연습을 해왔다. 다섯 작품쯤 퇴고에 이르면 미발표된 데모 음악을 놓고 가사 쓰기에 도전한다. 새로운 단계의 가사 쓰기를 하는 것인데 이때부터 학생들이 제출하는 작품들에선 공통점이 발견된다. 소재가 한결같거나 같은 시선으로 세상/관계를 들여다본다는 것이다. 이런 폐단은 기수를 달리해도, 학년을 달리해도 매번 나온다. 하나의 이야기를 한 명이 반복해서 쓰고 있기도 하다. 발라드에도 쓰고 댄스곡에도 쓴다. 더는 같은 이야기를 반복해서 쓰지 말 것을 충고하면 하소연한다. 뭘 써야 할는지 모르겠다고.

삶이 이야기가 되는 지점에 서 보지 못한 사람은 그 때를 기다리면 된다. 억지로 지어내서 뭔가를 써야 할 필요는 없다. 그러나 묻지 않을 수 없다. "정말 쓸 게 없니?" 이 질문은 혹시 무엇이 '글감'이 되는지 모르고 있는 게 아닌가 하는 의문 때문이다. 한 사람과 나누는 사랑의 얼굴이 정말 하나뿐일까? 시대를 관통하면서 세상에 건네고 싶은 말/무엇이 없을 수 있을까?

삶을 이야기로 굴려 공감과 확장을 이루어 내는 것은 매우 중요한 과제이다. 소통하고자 하는 의지를 드러내는 작가의 목소리가 가사 쓰기이다.

관찰과 독서는 제2의 창작 행위이다.

글감은 관찰에서 나온다. 생각에서 나오고, 직/간접 경험에서 나오고, 수다 중에도 나온다. 일상의 모든 것이 나눌 이야기가 된다. 사회를 삼켜버린 큰 사건이나 내 삶을 휘감은 경험만이 글감이라고 오해해선 곤란하다.

'무엇'을 써야 할는지 모르겠으면 신문의 사설을 읽으라고 권한다. 시대의 화두가 무엇인지 들여다보는 가장 좋은 창구이다. 그다음 한해를 정리하는 작가상 수상의 단편소설들을 읽으라고 권한다. 문학은 언제나 시대의 언어를 충실하게 증언해 왔다. 시대의 화두를 이끌어가기도 한다. 신춘문예 당선 시집도 마찬가지이다. 써야할 재료들이 그곳에 널려있다.

작가는 쓰는 동안이 작가이지만, 작가에게 있어 독서는 제2의 '창작 행위'라고 했다.

A/

왼쪽 세 번째 계단 넌 맨발인 채 앉았지

긴 머린 잔뜩 헝클어졌고 음~

B/

차 안의 공긴 더워지고 난 자꾸 목이 타는걸

네 눈이 나의 등을 밀어

C/

♫✏

더 빨리 걸어 언 몸을 우선 녹여줘

네 사랑 따위 팽개쳐 버린 채

이 바깥에서 여자친구 마침 늦고

널 잠시 돌볼 뿐 all right

두 개일 수 없는 사랑이기에 good-bye

A'/

발끝 떨어진 눈물 넌 동그라밀 그렸지

두 무릎 멍든 얼굴 가린 채 음~

B'/

안간힘 다해 건너간 너 그 사연 듣는 것 같아

저 손이 나를 끌어당겨

C'/

더 빨리 걸어 언 몸을 우선 녹여줘

날 멈춰 세운 사랑에 기댄 채

이 바깥에서 혼자 두고 갈 순 없어

널 태워 떠날까 all right

운명처럼 겹친 사랑에 good-bye

D/

사랑은 놀라워 절벽 끝에 세운 채 너를 알아보게 해

더 빨리 걸어 마침 그녀 나올까

더 먼 곳으로 우린 가야 해

숨 쉴 수 있는 힘으로 내게 업혀줘

난 너여야만 해 우~ 이토록 간절할까

C'/반복

<빨리 걸어>

(원곡: 이홍기 <눈치 없이>)

록은 1960년대 **저항, 자유, 참여의 정신**으로 태동한 음악이다. 음악은 브리티시 록에 방황하는 청춘을 노래하는 사회 풍자물인데 발표한 가사는 <눈치 없이> 새드 엔딩의 최루성 멜로 가사를 붙였다. 안타깝게도 보기 드문 정통 록 음악과 가수의 가창력이 묻혔다.

이외에도 학생들이 제출한 소재를 보자면 호모 섹슈얼, 민달팽이족, 취준생의 가난한 사랑 등이었다. 음악 장르와 소재를 대위 시킬 수 있다는 건 고마운 일이다.

'사랑'으로도 시대를 증언할 수 있다.

불행하게도 이별 범죄, 데이트 폭력이 기승인 시대이다. 이별에 대한 보복심리로 리벤지포르노가 심심치 않게 뉴스에 보도된다. 사랑하기 때문에 때린다는 말도 서슴지 않고 한다. 인문학이 죽은 시대 탓이라는 말이 돈다. 윤리와 철학을 학습하지 못한 세대일수록 자신을 다스리지 못하는 경우가 잦다. 영화가, 노랫말이, 드라마가, 소설이… 그 역할을 해내야 할 때이다. 시대를 증언하는 역할도 동시에 해내야 한다.

<빨리 걸어>는 폭행에 노출된 한 여자를 맞닥뜨린 청년의 이야기이다. 맞고 맨발로 도망친 여성의 모습은 묘사되어 있고, 여자친구와 그녀 사이 어디쯤 머무는 관계는 여자 사람 친구로 관계를 설정하는 계기를 맞는다. "사랑은 뜻하지 않은 곳에서 운명처럼 온다." 단순하고도 명료한 아포리즘이 작품 전체에 깔려있다. 사회가

나서야 한다는 의미, 나부터 시작해야 한다는 의미를 캐릭터를 내세워 썼다.

음악도 배반하지 않고, 시대를 증언해야 하는 역할에도 충실했다. 대중가요 장르의 화법에서 벗어나지 않게, 찾아낸 사랑으로 순화해서 썼다. 데모 음악으로 쓰는 동안 가사가 발표되었고, 학생들은 발표된 것과 자신이 쓴 것을 비교하며 합평과 비평을 넘나들었다.

작품을 쓰는 행위엔 의무와 책임이 따른다.

사랑이 화두의 전부를 차지하다시피 한 대중가요는 '사랑=상업성'이라는 보증수표를 내세워 무거운 가사를 회피하고 있다. 대중가요가 책임으로부터 달아나고 있는 게 아닌가, 의심을 지울 수 없다. 안타까운 일이다. 작가의 의무이자 책무를 다하라고, 나는 과연 자신 있게 말할 수 있는가, 고민되는 지점이기도 하다.

그래도, 그래도 써야 하지 않겠는가? 작가라면 시대의 화두를 기록해야 하지 않겠는가?

스스로 물어보기를 바란다. 나는 가사를 습작하는 동안 무엇을 써왔는가? 10대의 학창시절과 꿈을 응원했는가? 10대에 시작하는 사랑의 설렘과 풋내나는 그리움을 이야기했는가? 이제 막 가사를 쓰기 시작하는 지망생들에게 무거운 책임을 지우는 것 같아 가요계로 시선을 돌려보자고 제안한다.

20대의 사랑과 시작을 화두로 삼은 가사는 얼마나 있는가? 30대의 출발과 사회생활을 화두로 삼은 가사는 또 얼마나 있는가? 40대 가장의 무게와 엄마의 여성성은 가사의 화두가 되어 있는가? 50대에 이르러서도 여전히 불완전한 생활에 놓인 삶을, 인생을 화두로 삼고 있는가? 60대가 아직 청춘임을 응원하는 가사는 있는가?

'세월호'의 슬픔을 위무하는 <천 개의 바람이 되어>가 고마운 작품으로 떠오른다. 자존감을 지켜 자신만의 '아이덴티티(identity)'를 응원하는 방탄소년단의 <IDOL> 역시 이 시대의 청년들에겐 고마운 작품이다. 사랑의 순결함을 노래하는 에일리의 <첫눈처럼 너에게 가겠다> 역시 시대와 화해한다. 패닉의 <정류장>은 눈물이 그렁해지는 감동이 있고, 아이유의 <동화>는 제목과 궤를 같이하는 어른들을 위한 동화로, 노래를 듣는 잠시 삶이 순해지는 위로를 받는다.

작사가가 되고 싶은가? 쓸 것이 없는가? 그렇다면 작가에게 주어진 책임과 의무를 먼저 돌아보라. 문장을 잘 쓰는 것만큼이나 시대의 화두를 관찰하여 기록/증언하는 것 역시 작가에게 주어진 중요한 의무이자 책임이다.

3. 명언과 격언은 좋은 재료가 된다

- 먼저 살다 간 작가들이 남긴 글은 공공재이다.

발상을 좋게 만드는 재료를 알아본다.

통속적으로 소통하기 위해선 발상이 좋아야 한다. 한 줄의 카피가 마음을 움직이고, 한 줄의 격언과 명언이 머리를 때린다. 그렇게 울림을 주는 것이 가사 문학의 존재 이유이다.

데모 음악을 받아놓고 무엇을 쓸지 몰라 고민하는 학생들을 자주 만난다. 그럴 때면 음악을 듣다 보면 어떤 생각이 떠오르느냐고 묻는다. 생각은 그림이나 느낌이라는 추상적인 단어로 대체되기도 한다. 아무리 들어도 음악이 말을 걸어주지 않을 때는 쓰지 않는 게 답이다.

그러나 음악이 말 거는 줄 모른다면 이야기는 달라진다.

세상을 지배하는 '화두'를 장악하여 쓸 자신이 없을 때 나는 신화와 명언, 격언을 떠올리라고 한다. 이러한 것들은 작가가 언제든 인출 하여 쓸 수 있는, 인류가 선물 받은 공공재이다. 신화, 설화, 동화, 옛날이야기, 명언, 격언, 속담, 우화 등등이 모두 포함된다. 천 년 전의 이야기를, 백 년 전의 이야기를 2000년대에 재증명하는 일은 의미심장하다.

<어린 왕자>에 나오는 내용을 발췌해서 쓴 <꽃과 어린 왕자>는 스테디셀러의 노래이다. 육각수의 <흥보가 기가 막혀>는 옛날이야기 <흥부놀부전>이 바탕이고 아이유의 <제제>는 <나의 라임 오렌지 나무>가 작품의 근간이다. 이 작품엔 대상을 '롤리타'로 볼 것이냐, 어른들을 위한 동화로 볼 것이냐, 오독과 훼손 사이 창작의 자유와 책임을 두고 논쟁이 일기도 했다. 가사의 재료를 알아보는 눈을 가졌다는 것은 칭찬받아 마땅하다. 또한, 문학 작품은 작가의 손을 떠나면 작품을 소비하는 독자의 것이므로 독자 개개인의 해석에 개개인이 끼어들 수 없다. 다만 개개인의 호불호는 이야기될 수 있다.

카니발의 <거위의 꿈>은 거위의 생물학적 성질을 활용하여 패배 일로에 놓인 청년의 꿈으로 치환하여 썼고, 패닉의 <달팽이> 역시 같은 방법으로 썼다. 고려가요인 <청산별곡>은 구어로 재현하여 썼고 <가시리>는 구전 가요를 현대적으로 재해석했다.

나 역시도 문학과 신화를 가사의 소재로 활용했다. 한때 내 이야기, 주변의 이야기가 더는 새롭지 않을 때 집중하여 썼다. 스페이스 A의 <주홍글씨>는 호오돈의 장편소설 <주홍글씨>를 압축했고 <돈주앙>은 민간전설로 구전되어오던 것을 문학과 음악의 대상으로 확장한 호색한의 이야기를 소재로 썼다. 스페이스 A의 같은 앨범에 수록된 <이시스의 눈물>은 이집트 신화에 근거해서 썼다.

내가 써야 할 이야기는 먼저 살다간 작가들이 이미 다 썼다.

더 이상 세상에 새로운 이야기는 없다. 먼저 살다 간 작가들이 이미 다 썼으므로. 패러디와 변주만이 남았을 뿐이다. 공공연하게 회자 되는 말이다. 그러므로 새로운 이야기를 쓰겠노라, 출사표를 던지는 것은 응원하나 거기에 매달려있지 말라고 말하고 싶다. 명언과 격언을 재해석 하거나 재증명하는 것으로 주제를 드러내는 방식은 영리한 가사 쓰기가 된다.

「사랑받고 싶다면 사랑하라. 그리고 사랑스럽게 행동하라.」

벤저민 프랭클린

「사랑하는 것은 천국을 살짝 엿보는 것이다.」

카렌 선드

「사랑은 지배하는 것이 아니라 자유를 주는 것이다.」

에리히 프롬

「작별 인사에 낙담하지 말라. 재회에 앞서 작별은 필요하다.」

리처드 바크

「결점이 많다는 것은 나쁜 것이지만 그것을 인정하지 않는 것은 더 나쁜 것이다.」

파스칼

「당신의 의견이 옳다 하더라도 무리하게 남들 설득하려는 것은 현명하지 못하다. 모든 사람은 설득당하는 것을 싫어하기 때문이다.」

스피노자

「이 사악한 세상에 영원이란 것은 없다. 우리가 겪는 어려움조차도.」

찰리 채플린

「우리는 나이가 들면서 변하는 것이 아니다. 보다 자기다워지는 것이다.」

린 홀

앞의 명언들은 사랑, 이별, 삶, 희망을 화두로 내세운 공공재이다. 우리가 가사에서 익숙하게 보아왔던 내용이기도 하다. 물론 변주되어.

이렇게 유명한 글귀/명언을 활용하면 주제는 선명해진다. 몇 개의 어절로 정리하여 주제가 드러날 때 지배적 인상은 자연스레 구축되고, 가사 내용은 쉽게 귀에 꽂힌다. 곱씹을 수 있는 문구가 있을 때 가사의 생명력은 확장되고 연장된다.

4. 유희, 콜라주, 패러디, 다양한 기법으로 가사 쓰기

- 개별화된 낱말과 낱말이 만나 새로운 의미를 만든다.

다양한 방법으로 낱말 놀이하기.

언어유희는 초기에 위트와 재치에 불과한 저급한 낱말놀이로 사용되었다. 이후 이중의 의미를 나타내는 중의적 표현을 중심으로 진지하게 사용되다가 차츰 해학을 목적으로 사용해왔다. 아이러니의 한 변형으로, 단순한 말장난으로 끝나는 것이 아니라 풍부한 기지와 날카로운 어조로 풍자의 형식으로 확장된 것이다. 음악의 라임에 맞춰 글의 라임을 살리는 유희/위트를 요구하는 가사는 초기 유형에서 벗어나지 않는다.

훅(hook. 청취자의 구매 의욕을 자극하는 것. 주로

악곡의 판매가 되는 중요 멜로디, 프레이즈 등을 일컫는 말이다. 곡이 너무 단순해지고 지나치게 상업적으로 변모한다는 비판이 있다. 가요계에선 '후크'로 부르나, 외래어 규범 표기는 '훅'이다.) 송이 대세인 요즘, 발라드에 조차 반복된 가사를 요구하고 있다. 일정 발음으로 각운을 맞춰 가사를 쓰는 일은 문학의 '유희'에서 왔다.

언어유희는 각운/라임을 살리는 랩 가사에서 특히 많이 활용하는 기법이다. 처음 힙합의 랩에 단순히 율격/라임을 맞춰 말이나 문자의 소리를 가지고 낱말놀이를 하는, 소위 말장난하고 놀 땐 위트를 드러내는 목적이 유일했다.

율격을 맞추는 일은 시조가 출발이다. 34조, 75조는 익숙한 자구이다. 맨 처음 유희는 행위 그 자체에 목적을 두었다. 현재도 사전적 풀이는 변하지 않았다.

돌아오길 '빌고' 잘못했다 '빌고' 눈이 오길 '빌고' 그리하여 나는 자꾸 '빌고'.

'빌다'를 유희한 문장이다. 귀에 남는다. 그러나 의미는 없다. 재미있게, 행위 그 자체로 목적을 이룬 것이다.

사람 마음 가지고 논 넌 하품, 그러니까 불량품, 이제 널 생각하면 하품만 나와.

이 문장은 어떤가? '하품'이라는 물리적으로 전혀 다른 두 개의 단어를 활용하여 의미를 획득했다. 소비되는 것이 아니라 확장되는 진술의 좋은 예시가 된다.

네가 눈에 '띄자' 내 마음이 설렘으로 '뛰었'다고 발음의 유사성을 이용하여 문장을 완성했다. 같은 단어를 반복하여 늘어놓아 의미를 획득할 자신이 없거나, 멜로디 글자가 허락하지 않을 땐 위와 같은 문장으로 활용해도 좋다.

유희는 가사다운 가사를 쓸 수 있는 작법의 하나이다.

1) 하나의 단어가 두 개 이상의 뜻을 가지는, 동음이의어를 활용하는 경우

네가 버스에서 내리고 눈이 내리고 커피값이 내리고 사랑도 내릴까 두려워.

이별 편지를 쓰다 보니 입맛이 쓰다.

2) 하나의 소리를 다른 의미가 되게 하는 경우

삶은 계란, 삶은 치욕.

아내는 아, 네하네.

길은 길고 때로 길(吉)하다.

3) 모음 전환을 이용한 경우

사랑이 낡아 기쁨이 늙어 이별이 오고.

붉은 노을에 붉힌 사랑.

4) 낯익은 어법에 가벼운 변화를 주는 경우

슬픔을 슬픔으로 달래고 사랑을 더 달라고 기쁨으로 달래고.

5) 수수께끼의 경우 (음악의 띄어쓰기를 틀린 경우와는 다른 의미로 생성되어야 한다.)

말(言/馬)이 빠르다. 우리는 때로 가, 족같아!

6) 상이한 의미를 지닌 하나의 낱말을 활용하는 경우

바람이 바래, 예의 차려 차렷한 너.

7) 유사한 소리에 의미는 서로 다른 낱말들을 엮어내는

경우

사랑을 catch 뜨겁게 touch. 사랑을 jump 마음을 pump

쉰내 나는 쉰 살일까.

8) 하나의 어법이 이중의미가 되게 하는 경우

시(時/詩/市…)는 시시해. 야! 하다(반말/야하다). 풀밭에서 뒹굴었다(섹스했다).

앞의 모든 것이 유희이다. 말장난 사이에 의미를 배열하여 가사를 쓰는 일은 장르에 접근하기 어려운 장치 중의 하나이다. 그러나 즐거운 놀이로 보자면 또 즐거운 글쓰기가 된다.

콜라주는 더하기의 가사 쓰기이다.

문학에서 콜라주는 현실의 소재(대상)들을 변형 없이 작품 속에 오려 붙이는 기법을 말한다.

소주병, 올 풀린 스타킹, 세계 지도, 샤넬 No5, 한 줌 햇살.

현실에서 아무렇게나 만나는 다섯 개의 소재/재료를 더하면 무엇이 될까? 여러분은 다섯 개의 재료로 무엇을 만들어냈는가?

> 한 줌 햇살에 눈뜨면 빈 소주병이 나뒹굴고 있다.
> 벗어놓고 떠난 올 풀린 스타킹이 슬픔을 자극하고
> 방안엔 향수가 머문다. 그러고 보니 선물도 두고 갔구나.
> 너인 양 먼로처럼 샤넬 No5.를 입고 잠든 내가 서글프다.
> 차라리 너를 두고 가지.
> 함께 떠나자며 표시해놓은 세계 지도 위 파리가 윙윙거린다.

불규칙한 소재/재료들을 나열하여 이별 후 남겨진 방안 풍경을 만들어내는 일, 가사에서의 콜라주는 이처럼 현실의 단편을 삽입시켜 새로운 의미로 키워내는 일이다. 개별화된 낱말과 낱말/숙어와 숙어가 만나 새로운 의미를 만들어 낸 가사는 일단 지배적 인상이 구축된다는 장점이 있다. 하나의 덩어리로 뭉쳐놓았더니 빈 소주병, 올 풀린 스타킹 등 재료/소재들은 작품 전체를 관통하는 분위기/방안에 갇힌다. 객체는 주체와 단절되고 형상화된 방안만 남은 것이다. 이러한 효과를 노리는 것이 콜라주 기법이다.

익숙함을 새로움으로 창조하는 것, 패러디이다.

패러디는 원전에 대한 재해석(혼성모방)함으로써 과장, 익살, 풍자, 폭로, 해학의 효과를 얻어낸다. 발표된 모든 가사/작품이 대상이 되기에 익숙하면서 쉽게 친근해지는 효과를 누린다. 도처에서 일어나는 부정의한 일들, 부조리한 일들을 일상어로 비틀어 사회비판의 자리로 만드는 것이 필요하다. 삼성이라 쓰고 삼대라 읽는다.(권혁웅 <소문들—성좌> 패러디) 라거나, 저 유명한 책 <아프니까 청춘이다>를 "아프니까 환자다."로 패러디한 것이 대표적이다. <멈추면 비로소 보이는 것들>은 "멈췄는데 아무것도 보이지 않는다"로 "춤추면 비로소 보이는 것들"로 패러디할 수 있다. <천 번을 흔들려야 어른이 된다>는 "천 번을 흔들리지 않아도 어른은 된다.", "천 번을 흔들려도 어른 될 놈만 된다." 등 다양하게 패러디할 수 있다. 김건모는 <자서전>을 통해 자신이 발표했던 노래 제목들을 가사로 패러디하여 하나의 작품으로 완성했다.

패러디는 영리하고 깊이 있는 글쓰기의 하나이다. 가요

장르에선 통속적으로 소통하고자 하는 의지의 산물이기도 하다. 역설, 반어는 귀에 잘 들리는 화법 중의 하나이다. 불규칙한 열거에 의미를 심는 것이나 풍자와 은유(=메타포. 원관념과 보조관념 텍스트에서 다룬다.), 환유를 위한 패러디는 재미와 깊이를 획득한다. 이러한 진술법은 귀로 독서하는데 집중도를 높인다.

다양한 기법의 가사 쓰기는 쉽게 귀로 읽히는 순기능을 한다. 그러나 말장난으로만 세뇌되는 역기능은 이내 질리는 정크 가사가 될 확률 또한 높다. 비문이 될 확률은 더 높다. 그 역기능을 차단하는 가사 쓰기가 필요하다. 그러므로 잔재주를 부리는 데서 그치는 것이 아니라 체험한 것을 깨달음으로 전달하는 일이 가사 쓰기의 최종 목표여야 한다.

가독성은 멜로디를 보완하는 장치이다.

모방엔 혼성모방과 단순모방이 있다. 단순히 형식이나 내용만 인용하는 것은 이미 구시대의 유물이 되었다. 형식과 내용을 인용하여 새로운 의미로 생성해내야 한다. 그것이 모방의 출발점이다.

독자들은 '하나코'라 하면 무엇이 떠오르는가. 일본 여자 이름 정도가 얼른 떠오르는 이미지일 것이다. 어린 시절 잘 갖고 놀았던 별명 '야마꼬'를 대위 시켜 보자. '코 하나'가 된다. <하나코는 없다>는 코 하나 기막히게 예쁜, 떠난 그녀를 추억하는 최윤의 단편소설로 `94년 이상문학상 수상작이다. 김훈의 '04년 이상문학상 수상작인 <화장> 역시도 유희의 산물이다. 화장하는 여자와 죽은 아내를 화장하는 사이에 어떤 연결고리도 없다. 물리적으로 전혀 다른 두 개의 단어를 유기적으로 엮이도록 하는 것이 문학이다.

　　성희는 밝아오는 아침의 결 하나하나를 생선의 가시를 발라내듯 바라보았다. 그것은 정말로 아침이었다. 새날이라는 말은 이제 처음으로 쓰이는 것 같았다. 스물 몇 해, 그 길고 험했던 나날을 자기는 이 아침의 자신이 되기 위하여 살아왔던 것은 아니었을까… 바람은 왜 불며 왜 나뭇잎은 흔들리며 해는 또 떠오르는지, 그것을 이제야 알게 되는 것은 아닐까… 아이 하나가 울면서 길을 가로질러 걸어갔다. 왜 운담. 아침부터. 그 아이를 위해 대신 울어줄 수도 있을 것 같았다.

(한수산 <달이 뜨면 가리라> 중에서)

여기저기서 단풍잎 같은 슬픈 가을이 뚝뚝 떨어진다. 단풍잎 떨어져 나온 자리마다 봄을 마련해 놓고 나뭇가지 우에 하늘이 펼쳐 있다. 가만히 하늘을 들여다보려면 눈썹에 파란 물감이 든다. 두 손으로 따뜻한 볼을 쓸어보면 손바닥에는 파란 물감이 묻어난다. 다시 손바닥을 들여다본다. 손금에는 파란 강물이 흐르고, 맑은 강물이 흐르고, 강물 속에는 사랑처럼 슬픈 얼굴, 아름다운 순이의 얼굴이 어린다. 소년은 황홀이 눈을 감아본다. 그래도 맑은 강물이 흘러 사랑처럼 슬픈 얼굴, 아름다운 순이의 얼굴이 어린다.

(윤동주 <소년> 전문)

　'바람은 왜 불며 왜 나뭇잎은 흔들리며 해는 왜 또 떠오르는지' 질문의 연쇄 문장에 이르렀을 때 독서에 속도가 붙었을 것이다. 사건의 연속적 과정을 되살리기 위해 대등한 질문을 연쇄적으로 배열한 문장은 가독성을 얻는다. 이러한 가독성 있는 문장은 기억에 오래도록 머문다. 가사로 환치했을 때, 가사는 정확하게 기억해내지 못해도 삶을 관조하는 자세로 연속하여 물었던 것은 기억해낼 것이다. 형태소로 기억하는 것이 아니라 통사적 단위로 결합하여 기억하도록 하는 장치, 그것이 기억에 남기는 첫걸음이다.

'파란 물감→파란 강물→맑은 강물→슬픈 얼굴→순이 얼굴'로 연상하여 물고 들어오는 진술은 결집력을 갖기 때문에 조금 더 기억에 남긴다. 훅을 포함한 어떤 기법의 글쓰기/가사에도 의미 없이 흐르는 진술은 없음을 증명했다.

4. 가사, 잘 쓸 수 있을까?

—

우연한 재회를 빌미로

커피 한잔을 제안할 것인가,

내릴 역에 맞춰 내릴 것인가. 내려서 울 것인가,

내리지 못하고 목적지를 지나칠 것인가,

못 본 척 딴청부리며 지나칠 것인가.

- 플롯 없는 이야기는 없다. 중에서

—

1. 구상과 구성에 투자하라

- 구성은 선택받은 발상에 질서를 부여하는 작업이다.

구성은 주제를 운반하는 도구이다.

음악에 구성이 있듯 글에도 구성이 있다. 의무교육 과정에서 익히 배워왔다. 일기 쓰기를 과제로 받아 '언제', '어디서', '누가', '무엇을', '왜', '어떻게' 쓰는지 첨삭을 받아 문장을 고쳤다. 시화전에 참가해선 시제(詩題)를 받아 발단→전개→절정→위기→결말의 구조로 쓰든가, 기승전결의 구조로 쓰든가, 하고자 하는 '말=주제'가 가장 효과적으로 드러나는 방법을 우리는 선택하여 써왔다. 운문이든 산문이든 그래왔다. 여기서 선택은 구성한다는 것과 궤를 같이한다. 그러니까 구성은 어떻게 써서 어떻게 주제를 드러낼 것인가와 맞닿아 있는 것이다.

구성하기 위해선 구상이 필요하다. 이야기를 지어내는데 필요한 재료를 모두 모아야 한다. 쓰고자 하는 글의 내용을 전부 알아야 하는 것은 작가의 의무이기도 하다. 창작 노트에 끼적이는 모든 행위는 구상이다. 참고로 김동리의 <무녀도>는 필요한 것을 골라 쓰기 위해 지면에 발표된 원고의 두 배가 넘는 자료를 수집/취재했다고 한다. 작품 전체를 장악하기 위해서 반드시 거쳐야 할 단계이다.

구상은 짜임새 있는 생각이다.

구상은 무엇인가?

구상은 글 쓰는데 필요한 재료들이 무엇인지를 알아내는 작업이다. 영화 <8월의 크리스마스>를 보다가 사랑에 다가서지 못한 채 이별을 준비하는 정원의 입장에서 가사를 써보면 어떨까? 착상됐을 때 정원의 주변부터 영화가 미처 다루지 않은 사건과 결심하기까지 과정 등 모든 것을 상상하게 된다. 영문도 모른 채 남겨진 다림의 입장에서 쓰는 게 더 괜찮지 않을까? 후일담 가사로 괜찮을 거야. 상상의 시작은 곧 구상의 입구에 들어서게 되는 것이다.

커피숍에서 어느 한 남자가 문이 열릴 때마다 몸이 돌아가는 것을 우연히 본 후, 잃은 줄 모른 채 기다리는 사랑에 대해 써볼까? 늦은 밤, 연이어 버스를 그냥 보내고 우두커니 정류장을 지키고 선 어느 소녀를 보면서 누굴 기다리나? 집으로 가기 싫은가? 저 소녀가 가고 싶은 곳은 어디일까? 일상의 어느 한 장면에서, 영화를 보다가, 소설 속 어느 문장에서 섬광처럼 발상이 떠오를 때가 있다. 그 발상을 작품으로 만드는 과정이 구상이다.

영원한 사랑을 쓸 계획이라면 마초적인 남자와 인터뷰하지 않을 것이다. 한 여자를 오래도록 짝사랑하여 독신을 고수한 남자거나, 한 남자의 병상을 지킨 여자, 첫사랑과 결혼하여 행복하게 사는 부부, 아직도 누군가를 기다리고 있는 사람 등을 인터뷰하여 그들의 속내를 듣는 일을 할 것이다. 인터뷰어가 되어 인터뷰이가 미처 건네지 못한 말을 표정과 손짓, 몸짓에서 읽어내는 일 또한 필요하다. **상상**하고, **수집**하되 글이 필요로 하는 것을 짜임새 있게 구하는 것, 그것이 구상인 것이다.

구성은 줄거리의 배열이다.

구성은 플롯이다. 수집한 재료/사건을 인과관계에 따라 필연적으로 엮어내는 이야기 방식이다. 필연적으로 엮어낼 때 이야기는 촘촘하게 엮인다. 있어야 할 것이 있어야 할 자리를 찾아 선택, 정돈, 배열될 때 줄거리/플롯은 명확하게 전달된다는 뜻이다. 그러므로 일종의 질서 찾기에 공을 들여야 한다.

그러기 위해선 작품 전체를 장악해야 한다. 인물/화자의 행동과 성격, 목소리, 나이 등을 비롯해 인물이 겪은 사건과 그 사건을 대하는 태도까지 모두 직접 겪은 이야기인 듯 전달할 수 있어야 한다. 당연한 말이지만 캐릭터는 흔들려선 안 된다. 그런데 가사에서 가장 흔하게 볼 수 있는 것이 캐릭터를 배반하는 진술과 사건이 오염된 진술이다. 인물을 따로 메모하여 인물마다 성격을 부여하고 한눈에 파악하는 게 중요하다.

널 만났을 뿐인데 이 세상은 내게 모든 걸 다 준 거야

참 놀라운 능력이 멋진 사랑이 나에게도 생긴 거야

예문 6

그럴싸해 보이지만 어떤 능력이 생겼다는 걸까? 세상이 다 줬다는 것 가운데 대표적인 것은 무엇일까? '너'는 대체 어떤 인물이기에 전능한 걸까? 질문하게 된다. 전문을 다 살펴도 끝내 답은 보이지 않는다.

먹구름 뒤에 가려진 해를 볼 수 있게 됐고, 슬픔은 곧 지나갈 것을 믿게 됐고, 웃는 모습으로 바뀐 표정 덕에 좋은 회사에 취직할 수 있게 됐고, 아침에 눈 뜨는 게 더는 힘들지 않게 됐고……. 긍정적으로 바뀐 무엇 하나를 취사선택하여 썼어야 한다.

'널 만났을 뿐인데'의 진술은 관습적이며 기계적인 진술에 그치고 만다.

내가 원한 너란 감옥 작은 창틈조차 없어

햇살도 비치지 않아 그런데도 나는 원해

나를 원하는 끝없는 유혹이 다가와도

너를 벗어날 수가 없는걸

빛나는 아름다운 두 눈 깊게 퍼진 너의 독한 향기

이런 너를 보면 미쳐 나를 잃게 만들어

예문 7

마룬5의 <Goodnight Goodnight>곡에 쓴 예문 7은
<나를 잃다>라는 제목으로 퇴고했다. 곡 전반을 지배하
는 퇴폐미가 한글 가사에서도 그대로 차용되었다. 다만
왜 너는 '감옥'으로 칭해질까? '더 많이 사랑하는 사람이
약자=나'인 왜 이토록 불행한 채로 사랑을 갈구하는 걸
까? '너'는 얼마나 치명적인 매력을 지니고 있을까? 전문
중에 일부만 발췌했으나 전문에도 답은 없다. 나는 '너'를
어디서, 어떻게 만났을까? 우린 만난 지 얼마나 됐을까?
다른 사랑을 물리치고도 남을 가치가 있는 '너'일까? 나
는 어떤 사람이기에 끝없는 유혹에 노출되어있는 걸까?

구상하지 않고 썼기에 이런 배열이 이루어진다. 구상
하도록 합평한 뒤 수정한 작품은 따로 싣지 않기로 한다.

플롯 없는 이야기는 없다.

사건이 벌어지면 왜 벌어졌을까, 어떻게 이 사건을 풀어

나가는가, 이 사건의 결말은 무엇인가? 이야기의 기본 구성이자 음악의 기본 구성인 3덩어리에 해당하는 질문들을 작가는 수집/구상해야 한다. 수집된 정보들을 인물이 필요로 하는 우선순위로 선택, 정돈한 뒤 배열하는 것이 곧 사건의 시간순 기록이 되는 것이고, 그것이 곧 구성이다.

친구의 친구를 사랑한 삼각관계의 가사 <가질 수 없는 너>, <친구잖아>, <친구의 친구를 사랑했네> 등의 작품은 '사랑'이 사건이 된다. 우연히 옛 애인과 재회한 이야기 <시청 앞 지하철역에서>, <혼자만의 사랑>, <천일 동안> 등은 '재회'가 사건이 되고, 일방적으로 남겨지는 이별의 현장을 쓴 <끝 사랑>, <가을 타나 봐> 등은 '이별 후' 남겨지는 순간이 사건이 된다. <내 꺼 하자>, <Yes or Yes>는 '짝사랑'이 사건이다. 참고로 '내 꺼'는 '내 것'이 사전적 표준어이다.

사건은 살인, 방화, 전쟁, 강도, 테러 같은 커다란 일만을 가리키지 않는다. 일상의 모든 순간을 사건으로 소환할 수 있다.

사건을 만났을 때 어떤 선택을 할 것인가에 따라 인물/

캐릭터/화자는 만들어진다.

삼각관계일 때 매달릴 것인가, 뺏어올 것인가, 마음 접고 친구의 사랑을 응원할 것인가.

우연한 재회를 빌미로 커피 한잔을 제안할 것인가, 내릴 역에 맞춰 내릴 것인가. 내려서 울 것인가, 바쁜 일상 속으로 뛰어들어 굳이 안 해도 되는 일까지 할 것인가. 내리지 못하고 목적지를 지나칠 것인가, 못 본 척 딴청 부리며 지나칠 것인가. 커피 한잔의 시간 동안 이야기는 겉돌다 말 것인가, 그리웠노라고 다시 시작하자고 할 것인가. 상황에 따라 이야기는 제각각 흘러갈 것이다.

선택에 따라 왜 이런 선택을 했는가, 물고 나오는 질문들을 작가는 책임지고 보여줘야 한다. 물론 주인공/인물이 스스로 움직여서.

작곡 의도는 구상이 되기도 한다.

곡을 받을 때 묻는다. 무슨 생각 하면서 썼느냐고. 혹은 무슨 그림을 그렸느냐고. 그것은 소재를 묻는 동시에 음악을 들려줌으로써 하고 싶은 말이 무어냐고 묻는 것이 된다. 대답은 구체적 내용을 이야기하거나 알아서 써달라고 하거나, 두 가지 경우이다.

그 말이 생각나(신은 죽었다고 한)

그래도 나는 기도해(너를 내게 달라고)

너무나 깊은 슬픔에(그댄 어디 갔는지)

제발 날 지켜 줘

도대체 몇 번째야 사랑이 떠나간 게

다시 난 사랑하며 슬픔을 잊어갔지만

이번은 달라 너를 잊을 수 없어

너만은 내게 달라고 그토록 기도했는데

사랑은 모두 끝났어

김건모 <사랑이 떠나가네> 중

<사랑이 떠나가네>는 가수/작곡가 개인의 경험을 기록한 가사이다. 곡을 받으러 갔더니 음악을 들려주며 자신의 이야기를 써달라고 했다. 녹음실 근처 포장마차로

자리를 옮겨 저녁을 먹으면서 시작된 이야기는 다음 날 아침에 해장국을 먹고 헤어질 때까지 이어졌다. 이쯤 되면 가사로는 대하소설에 맞먹는다. 이런 경우 음악을 해석해야 하는 순서는 생략된다. 가사 쓰기에 필요한 재료를 모두 모았으므로 구상 역시 생략된다. 대신 작곡가를 대신해 스토리텔러(story-teller)가 되어 가사를 써야 한다.

드라마타이즈 이해하기.

작곡가가 들려준 이야기에는 체념한 채로 잊지 못하는 '인물=캐릭터'가 있고 동시에 깨진 관계가 있다. 인물이 겪은 '플롯/줄거리=사건'이 있다. 그리고 사건을 대하는 인물이 태도를 정하기까지 '시점=때/시간의 흐름'이 있다. 나는 이렇게 인물, 플롯, 시점, 세 가지를 충족하여 쓴 가사를 스토리텔링 형식의 **'드라마타이즈(drama-ties)'**라고 부른다. 시점 대신 **배경**을 넣으면 서사의 3요소가 된다. 서사는 때로 드라마타이즈의 말로 해석되기도 하여, 시점 대신 배경을 넣기도 한다.

가사를 의뢰받을 때 "스토리타이즈로 써주세요." 부탁을 듣곤 한다. 사전적 용어나 문학/문화 용어를 찾아도 적확하지 않다. 그러나 관용적으로 써온 말이다. 굳이 바로 잡아 말할 필요 없이 '스토리텔링 형식의 드라마타이즈'로 가사를 써서 건넨다.

관용어는 음악적 허용과 엄격히 구분한다.

비표준어이긴 하나 관용적으로 써온 말은 매우 많다. 하도 많이 쓰다 보니 훗날 사전에 등재되어 복수 표준어로 쓰이는 경우도 적잖다. 너무 좋아, 너무 예뻐, 너무 맛있어…에서 '너무'는 우리가 정말 '너무' 많이 쓰는 단어이다. '너무'는 '너무하다'에서 파생한 단어로, 부정어로 쓰이는 부사어이다. 그러므로 '좋다', '행복하다'의 말 앞에 오면 잘못 쓰인 게 된다. 적확하게 들여다보면 그렇다. 그러나 '너무'라는 말을 '너무' 많이, 오랜 시간 관용적으로 쓰는 바람에 표준어가 됐다.

'소의 고기=쇠고기'였으나 '소고기'를 널리 쓰는 바람에, '자장면'을 표준어로 사용 권장하였으나 오랜 세월 '짜장면'으로 쓰던 습관에, '만날'은 '맨날' 일상어로 써 버릇하여, '간지럽히지 마'와 '간질이지 마' 역시 모음의 발음 변화를 인정하여, 발음이 바뀌어 굳어진 형태로

봐서 복수 표준어로 인정됐다.

　가수 세븐의 데뷔 앨범에 수록된 <너이길 바래>는 '너이길 바라'로 써서 보냈다. '바라'를 발음하기 낯설고 어색해했다. 관용적으로 써온 말이므로 '바래'로 바꾸었다. 이 가사는 제목부터 비표준어로 쓰인, 한글 용례에선 비문으로 쓰인 문장이다. 그렇다고 '바래'를 '음악적 허용'의 범주에 넣어선 곤란하다. '잊다'의 피동사 '잊히다'는 '잊어지다'로 써야 하는데 '잊혀지다'로 잘못 쓰이고 있다. 이중 피동은 어법에 맞지 않는 표현이지만 자연스럽게 자리를 잡아가며 독자적인 영역을 구축하는 현상을 보인다.

　이처럼 표준어로 인정되지는 않으나 관용적으로 쓰는 말은 매우 많다. '음악적 허용'의 테두리 안에 넣을 수 있는지, 알고 쓰는 게 좋다.

사건을 인과관계에 따라 필연적으로 엮어내기.

　<사랑이 떠나가네>로 돌아와서, 내용을 들여다보자.

　마지막이라고 믿고 사랑이 머물기를 꿈꾸었던 기원의 지점에선 인물의 나이(가수의 나이와 유기적으로

엮인다)와 순정을 짐작하게 한다. 그 사랑마저 잃은 뒤 신은 없다고 절규하는 내적 플롯 지점에선 인물의 생각과 행동을 짐작하게 한다. 인물의 배경지식은 충분했다.

언제 만났고, 얼마나 사랑했고, 사랑하는 동안 어땠고, 어떻게 헤어졌으며, 그 후 어떤 마음으로 어떻게 지내왔는지, 현재의 심경은 어떠한지……, 전모를 들었다. 듣고 난 후 왜 자신의 이야기를 기록하고 싶은지 물었다. 그렇게 간절히 바랐는데도 이루어지지 않았다는 건 하느님이 없다는 뜻이잖아. 식의 대답이 돌아왔다. "그땐 그랬어. 지금 내 마음은 이래." 이야기에 시간의 흐름이 생기는 순간, 시점이 발생했다. 중의적으로 1인칭 서술자 시점이 자연 생성되기도 했다.

들은 이야기 전부는 구상이 된다. 하지만 들은 이야기 전부를 가사로 담을 수 없다. 스물네 마디 안에 해야 할 말을 다 담아야 한다. 제한된 글쓰기이므로 그렇다. 우선 써야 할 것과 버려야 할 것들을 골랐다. 그래도 내용이 넘쳐서 다시 꼭 써야 할 이야기와 버려도 무방한 것들로 나누었다. 가장 중요한 이야기를 골라낸 후엔 1절에 어떻게 배열할 것인가(=구성) 고민했다. 사건을 인과관계에 따라 필연적으로 엮어낼 때 이야기엔 생동감이 생긴다.

만나서 사랑하고 헤어지고 괴로워하던 중에 내 인생에 사랑은 없어! 외치는 식의 대과거→ 과거→현재의 순인 연대기적으로 서술할 것인가, 먼저 사랑이 끝났다고 정보를 제공한 뒤 플래시백으로 돌아가 이 사랑이야말로 진짜 사랑이라고 믿었고 그 사랑마저 끝났으니 신은 없는 거야, 내 인생에 사랑은 없어! 식으로 현재→대과거→과거→현재의 순으로, 인과의 배열을 뒤섞는 것으로 내러티브를 구성할 것인가, 어떤 이야기 구성이 효과적으로 전달될 것인가 고민했다. 음악이 선택의 기준이며, 음악을 해석하는 일은 순전히 작사가의 몫이다.

음악을 해석한 대로 선택하고 정돈하고 배열하는 일종의 질서 찾기가 구성인 것이다. 그러므로 모든 이야기/가사는 취사선택 되어 구성된 것이다.

구성, 전문 들여다보기.

A/

만나는 사람 생겼다는 말 축하해달란 잔인한 그대

잠시 멍하다 겨우 웃음 짓고서 힘들게 건넨 말 축하해 행복해

 B/

그대 아팠던 지난 사랑을 보듬어주려 준비한 시간

너무 길어서 다른 사람이 그대 곁으로 다가가 그 자리에 있나 봐

C/

아픈 맘이야 혼자 맘이야 자꾸 흐르는 눈물 닦아내며

그대 늘 좋아한 조그만 케익을 내 사랑을 대신해서 보낼게

이 치즈 케이(크) 예쁜 사랑만 하라는 내 마음

B'/

그대 함께할 그가 부러워 자꾸 마음이 욱신거려도

그대 눈물을 웃게 바꿔줄 사람 그 사람이니까 이 케익 함께해

C/ 반복

D/

좋은 날 꼭 케익 먹어야 한단 그대였으니

E/

혹시 울게 될 날엔 눈물 닦아 줄 내 사랑이 있다는 걸 기억해

내 기다림의 끝에는 그대 함께할 것 같아

<치즈 케이크>

(원곡 : 해피체어 <잘한 일>)

윗글은 크로스오버 형식의 팝 발라드에 붙인 초고이다. 팝 발라드는 영화로 치면 정통 로맨스에 어울린다. 원 가사와 새롭게 해석한 가사 모두 장르에 맞는 글쓰기를 했다. 그런데 두 가사 모두 "왜 썼는가?" 질문하게 된다. 주제가 없으니 무슨 말이 하고 싶어서 썼는지 모르겠다. 소재만으로는 가사/작품이 되지 않는다.

주인공의 성장 스토리에 주목하라.

원 가사는 사진을 본 건지, 우연히 재회한 건지, 결혼식장에 가서 해후한 건지 헷갈린다. 구상의 단계를 생략하고 쓰니 독자/청자들에게 명확하게 전달되지 않는 것이다. 재회해선 좋아 보인다고 해놓고 그는 잘해주냐는 질문이 나오는 것 또한 정황이 두서없다. '너를 보내고

우는 나'를 화자로 내세워 재회인지 해후인지를 소재로 놓고 썼다. 재회든 해후든 다시 만났다는 것은 이들에게 전사(前事)가 있다는 뜻이다. 미루어 짐작할 수 있다. 사랑이 잘되지 않았기에 헤어졌고 이후 다시 만나 그/그녀의 현재를 나누는 것이 내용이다.

사진으로 재회한 걸까? 사진은 어디서, 어떻게 보게 된 걸까? 실제로 만났을까? 재회 또는 해후를 통해 화자는 무엇을 깨달았을까? 어떻게든 만날 사람은 만나게 되어 있음을, 그러니 새로 시작해야 함을 깨달았을까? 만나느니만 못한 사람이 된 인연의 덧없음을 깨달았을까? 아프더라도 재회할 사람이 있으니 사랑 안 한 것보단 낫다는 위로를 발견했을까? 나는 왜, 어떤 못된 기억을 남겼을까?

화자/주인공이 **깨달음을 통해 성장하는 것**, 이야기를 쓰는 핵심목표이다.

주제는 선명할수록 좋다.

<치즈 케이크>를 보자. 오랜 나날 친구로 지내며 연인이 될 기회를 엿보던 화자에게 그/그녀는 그야말로 청천

벽력 같은 선언을 한다. 그 멍한 상태의 화자를 보며 '사랑은 타이밍인데…' 안타까운 마음을 품게 된다. 고백하려던 마음을 내려놓고 축하를 보내는 행위에는 「사랑에는 한 가지 법칙밖에 없다. 그것은 사랑하는 사람을 행복하게 만드는 것이다.」라는 스탕달의 명언이 얼핏 떠오르지만, 주제를 선명하게 내세웠다고 보기엔 진술이 부족하다. 주제를 강화하는 글쓰기가 필요하다.

A/만나는 사람이 '생겼다'는 지점에선 "축하해"로 끝나는 게 좋다. "행복해"까지 가는 건 너무 급하고 먼 진술이 된다.

그는 친구에게 만나는 사람이 생겼다고, 순수하게 말했을 뿐이다. 속으로 그를 품은 건 내 몫이며 내 문제이다. 그런데 내 문제를 끌어들여 그대를 '잔인하'다고 규정하는 것은 무리가 있다. 그러나 첫 작품이니만큼 무리가 있다는 걸 아는 채로 넘어가기로 한다.

B/설명이 장황하다. 화자의 용기 없음에 마땅한 이유를 주어야 한다. 용기 없는/매력 없는 주인공은 이야기의 흡인력을 떨어뜨린다.

C/아픈 눈물 삼켜 축하 케이크를 보내는데 울림이 없다.

우리는 아는 사람의 이야기엔 공감하지만, 타인의 이야기엔 감정이입이 되지 않는 한 공감하지 않는다. 남의 이야기가 꼭 내 이야기 같을 때 울림은 커지고 미시적 경험은 확장된다. 이런 글을 읽으면서 우리는 머리로 썼다고 말한다. 머리로 쓰는 글은 리포트로 충분하다.

B'/콩쥐 콤플렉스에 걸린 게 아니라면 감정은 솔직히 표현하는 게 좋다. A=B, 1+1=2 공식에 따라 답을 내듯 눈물 감춰 케이크를 선물하는 마음은 어떤 걸까? 독자들은 행위 보다 행위의 속내를 알고 싶다.

D/그대의 캐릭터를 설명하느라 내가 없다. 주인공/화자가 없는 이야기는 재미없다. 세상 모든 이야기는 주인공이 이끌어간다는 것을 기억하라.

E/이제 만나기 시작했는데 "행복해"와 마찬가지로 벌써 헤어짐을 예단하다니! 고춧가루 뿌리는 것도 아니고! 축하란 만약을 지우고 하는 것이 온전해 보인다.

퇴고 후에도 계속 고쳐 쓰는 것이 필요하다.

이 작품은 열댓 번에 걸쳐 수정했다. 그런데도 퇴고

(推敲)하지 못했다.

　슬픈 이야기임에도 씨뿌리고 거두기의 정황이 건조하게 전달되는 것이 우선하는 문제였다. 케이크가 제재인데, 제재로써 어떤 기능을 하고 있는지도 분명하지 않았다. 대여섯 번 수정했을 시점에 케이크의 역할이 여전히 보이지 않았다. 맥거핀(MacGuffin)으로 쓸 것이 아니라면 버려야 했다.

　나/화자는 어떤 주인공일까? 그대의 아팠던 지난 사랑을 왜 난 보듬어주지 않았을까?

　세상엔 감출 수 없는 세 가지가 있는데, 그대를 내내 지켜봐 온 나는 왜 그대가 사랑에 빠진 것을 알아보지 못했을까? 그는 어떤 사람이기에 그대를 웃게 한 걸까?

　'좋은 날엔 꼭 케이크를 먹어야 했던 그대'의 진술로 미루어 우리는 함께 케이크를 먹었던 사이인데, 그날은 어떤 좋은 날이었을까? 그 좋은 날에 케이크를 먹으면서 왜 나는 내 마음을 고백하지 않았을까? 왜, 무슨 이유로 타이밍을 놓쳤을까?

　합평하면서 질문이 많은 작품은 그만큼 많이 고쳐야 한다는 뜻이다. 원 가사와 마찬가지로 <치즈 케이크>

역시 질문이 연이어 나온다. **질문을 차단하는 글쓰기가 작가의 의무이자 권리이다.** 기본적인 정보는 제공해서 질문을 차단하는 것은 의무이고, 알려야 할 정보의 양을 정하는 것은 권리이다.

다시 반복하여, 질문을 차단하는 글쓰기란?

앞에서부터 수없이 이야기해왔다. 질문을 차단하는 글쓰기가 필요하다고. 뒤에서 작품을 놓고 합평하면서도 나는 또 같은 이야기를 반복할 것이다. 왜 썼니? 무슨 말이 하고 싶어 썼니? 학생들이 이유를 대답할 때 나는 말한다. 그 대답을 작품 속에 쓰라고. 이 대화는 가르치는 동안 새로운 작품을 놓고 합평할 때마다 사용해왔다. 앞으로도 그럴 것이다. 질문을 차단하는 글쓰기는 이렇게나 중요하다.

인물의 움직임에 '왜?'를 반드시 실현해야 한다. 작가가 개입하여 조정하는 인물은 마네킹이나 다름없다. 불행하게도 작사가들에겐 서술과 설명으로 모든 부분을 해결하려 드는 경향이 있다. 다른 장르로 보자면 게으른 글쓰기의 전형이 되는데 유독 가사에선 제한된 글쓰기에 간히는 게 된다. 제한된 글쓰기는 잘못된 모든 것으로부터 빠져나가는 만능이 아니다.

　가사 쓰기 역시 인물이 맞닥뜨리는 사건과 해결 과정에 '왜?'를 개입시키는 것이 진술의 기초가 된다. '왜'가 빠지면 설명문이나 보고문 혹은 결과론 적으로 이야기하는 리포트나 다름없다. 리포트는 가사 작품이 되지 않는다.

선택한 발상이 재료로 옳은지 돌아보라.

　다시 말한다. 구상한 것에서 알려야 할 '정보를 골라내는 것=질서 있게 배열하는 것'이 구성이다. 캐릭터, 플롯, 시점/배경에 대한 구상이 되지 않았기에 골라내야 할 정보가 없다. 질서 있게 배열할 무엇도 없다. 원 가사와 마찬가지로 소재만으로 가사가 된다는 오해로 쓴 터라 제재와 작의 등 재료가 더 필요하다.

　떡볶이는 떡만 있어선 만들지 못한다. 대파, 고추장, 어묵, 마늘, 간장, 육수(물), 설탕(물엿) 등이 필요하다. 물론 불도 필요하다. 떡과 고추장만 있어서는 안 되지만 물이 없어서도 안 된다. 대파는 쪽파나 양파로 대체할

수 있다. 어묵은 빼고 라면으로 대체할 수도 있다. 육수
는 저 유명한 MSG로 대체할 수 있고 마늘 대신 후춧가
루를 많이 뿌리는 쪽으로도 선택할 수 있다. 여기서 주
제는 떡이다. 떡이 없으면 주제가 없는 것이다. 떡은 구
매하면서 왜 주제는 구하지 않는가. 작의는 고추장이고
제재는 육수(물)이다. 나머지 부재료들이 소재이다. 작
의를 바꿔 고추장 대신 불고기를 넣어도 된다. 그러면
궁중 떡볶이가 된다. 어쨌든 주제가 있으면 떡볶이는 만
들 수 있다.

  구상해야 한다. 처음으로 돌아가 초고를 쓰는 마음으
로, 내가 설정한 인물의 모든 정보를 장악해야 한다. 쓰
는 데 필요한 모든 재료를 수집하라는 뜻이다. 인물의
관계도를 그려놓고 화자/주인공을 중심으로 이야기가
돌아가고 있는지 확인하면서 써야 한다. 주인공보다 많
은 진술의 양을 차지하는 조연, 단역은 없다.

선택은 버리는 것이다.

만나는 사람 생겼다는 말 축하해달란 잔인한 그대

한참 멍하다 겨우 웃음 짓고서 힘들게 건넨 말 잘됐어 축하해

지난 아픔이 조금 가신 듯 편안한 미소 보이던 그대

내 맘 이제야 보일 준비됐는데 그대의 다른 사랑 하늘이 무너져

사랑한다고 먼저 말할 걸 전하지 못한 내가 바보 같아

혼자 사랑이라 믿었던 시간 들 그대에겐 그저 친구였을까

내 눈물 숨겨 조그만 축하 꽃다발 건넬 뿐

그대 함께할 그가 부러워 자꾸 마음이 욱신거려도

그대 눈물을 지워준 단 한 사람 그 사람이라서 내 마음 숨기지

바랄게 그대를 웃게 한 사랑 아픔 없기를

내가 간다면 그대에게 간다면 그 마음을 돌이킬 수 있을까

이 부질없는 생각을 뒤로하고서 축하해

<마거리트(부질없는 사랑)>

치즈 케이크를 버리고 새로운 제재로 마거리트 꽃을

가져왔다. 꽃말을 이용한 글쓰기는 영리하다. 제목까지 바꿔 수정했음에도 여전히 화자/주인공의 매력이 떨어진다.

수업은 이쯤에서 끝내기로 했다. 더 배우기 전에는 좋아질 수 없다는 결론 때문이었다. 졸업 후, 이 책을 쓰면서 한 번 더 수정을 부탁했는데, 문장에 긴장감이 생긴다. 덕분에 멜로디에 속도감도 느껴진다. 느린 곡일수록 문장에 긴장을 주는 것이 필요하다.

만나는 사람 생겼다는 말 축하해달란 잔인한 그 말
꺾인 무릎을 겨우 딛고 선 채로 맘에도 없는 말 잘됐어 축하해

지난 아픔에 굳게 닫힌 문 그 앞을 내내 서성인 날들
왜 난 들어가 위로하지 못했나 어쩌면 문은 내내 열린 채였음을

기다림 안에 나를 세운 채 지켜만 봐온 내가 멋지다고
후횐 너 없는 곳 숨어서 한 대도 네 행복을 맡아달라 부탁해
알아채 주길 바라며 하필 꽃다발 마거리트
너와 함께할 그가 부러워 자꾸 마음이 움찔거려도

아픈 눈물을 지워준 단 한 사람 그 사람이라서 내 마음 숨기지

어쩌면 사랑을 눈앞에 두고 놓친 것 같아

행복해하는 너를 보는 게 좋아 거짓인 채 진실인 내 두 마음
비겁하게 나 건네는 축하 꽃다발 마거리트

　사랑에 서툰 스무 살 청년의 치기 어린 순정은 이 시
대와 화해 가능해진다. 스무 살 청년의 언어로 욱신거리
다 보다는 움찔거리다가 어울리기도 한다. 캐릭터는 이
렇게 구축하는 것이다. 언술 행위의 수위를 맞추는 것
도 이런 지점에서 생긴다.
　후회는 아무리 빨라도 늦다. 불변의 진리를 우유부단
한 캐릭터를 통해 재증명해내고 나니 작품이 조금 선
명해졌다. 여전히 미진한 부분은 이 시대와 적극적으
로 화해하기에 '짝사랑'이라는 소재가 좋은가이다. 패
스트푸드가 아닌 정크푸드를 먹는 세대답게 사랑도 정
크가 됐다. 그러니 순정은 낯설다. 단, 올디스 벗 구디스
(Oldies but Goodies)를 상기할 뿐이다.

2. 영상으로 치환하라

- 뮤직비디오로 재현되는 영상 언어, 가사이다.

가사 문장이 영상이 되게 하라.

대중가요는 발표한 노래를 뮤직비디오로 만들어 홍보의 또 다른 출구로 활용한다. 만들어지는 뮤직비디오는 단편 영화로 인식된다. '드라마타이즈' 기법으로 찍기 때문이다. 영상으로 치환되는 가사인 셈인데, 더 예전엔 가사 한 편을 영화로 만들기도 했다. 가사가 품고 있는 스토리/서사는 영화로 충분했다. 그만큼 캐릭터, 플롯, 시점/배경을 채워 가사를 썼다.

가사 의뢰를 받을 때 작곡가, 가수, 제작자들은 '스토리타이즈/드라마타이즈'로 써달라고 부탁한다. 그 말은 곧 가사만으로도 영상이 연상될 수 있도록 써달라는 뜻이다. 앞으로도 유구하게 유효할 가사 쓰기의 기본이다.

소설(小說)은 독자의 상상력을 부추기는 서술을 요구한다. 오감을 동원하여 상상하도록 하는 데 가장 효과적인 글쓰기로 묘사를 지목한다. 시(詩)에서는 조금 더 강조되어 묘사를 모르면 미술 그리는 이가 데생을 모르는 것과 같다고 선언한다. 지배적 인상의 구체적 이미지를 그려내는 것이 시 쓰기인 것이다. 나는 소설이고 시이며 영화이고 콩트가 되는 가사에 묘사를 빼놓고는 가사 쓰기에 이를 수 없다고 단언한다.

캐릭터, 플롯, 시점/배경을 효과적으로 전달하는 데에는 서사와 묘사, 두 가지가 있다. 사건을 의미 있게 전달하는 게 서사라면 그 나머지 모든 것, 인물이 지닌 성격, 인상, 행동 등을 감각적으로 표현/전달하는 언술 행위를 묘사라고 한다. 묘사되지 않은 글은 영상으로 치환하기 힘들다. 단순히 영상으로 치환하기 위한 묘사는 기계적이고 뻔한 문장으로 흐르기 쉽다. 대상을 작가 고유의 시선으로 포착하여 작가 고유의 표현으로 문장을 완성할 수 있어야 한다.

묘사를 빼놓곤 가사 쓰기를 이룰 수 없다.

글은 '무엇'을 전달하는 것이다. '무엇'은 주제이고, 주제는 '세계관=의미'를 드러내는 방식으로 쓰인다. 묘사는 생생하게, 반드시 의미를 내포해야 한다. '무엇'을 전달하기 위해선 그리해야 한다.

학교를 졸업하고 넥타일 처음 매고

우리 학교 앞 주점에 앉았지

한 잔씩 채워 가는 술잔에 담긴 얘기

우리 지난날 꾸었던 꿈들을 꺼냈지

(중략)

사랑에 빠졌다고 사진을 꺼내는 너

그녀 말하며 웃는 널 보니 나도 설레

이별을 마시면서 눈물을 쏟지 않길

이젠 그녀와 행복한 사랑을 바랄게

나의 세상과 시간에 항상 들어와 있는 너

혼자 있어도 가슴 뜨거운 건

언제나 함께인 친구란 말뿐

　　　　　　김범수·박효신 <친구라는 건> 중

　윗글은 졸업 후에 만난 친구들을 주관적 행동 묘사
에 해석을 곁들여 들여다본 가사이다. 노래로 읽히다 보
면 대학가 어느 주점, 파전을 앞에 두고 주거니 받거니
술잔을 나누는 청년 둘의 모습이 떠오른다. 조금 왁자
한 실내와 앳된 얼굴에 새 양복을 입은 두 청년의 대화
는 무얼까, 귀 기울이고 싶어진다. 어느 봄, 주점에 갔다
가 마주친 장면에서 이 가사는 쓰였다.

　주점이라는 배경/장소가 드러나고, 술잔을 마주치고
사진을 보여주는 행동이 그려지고, 추억에 젖는 이들의
전사를 통해 시점이 드러나고, 사진을 보면서 웃는 두
청년의 모습이 떠오르는… 이러한 글쓰기가 묘사이다.
묘사는 작가 고유의 시선을 통해 세상을 달리 보게 하
는 도구가 되기도 한다.

　'친구=가슴 뜨거워지는 존재'라는 단순한 해석/주제
를 내세워 묘사와 서술을 병기(竝起)하여 쓴 가사는

오래도록 사랑받고 있다. 묘사가 가진 힘 때문이다.

그 길 입구엔 빨간 우체통 자전거가 세워져 있고

낡은 간판 빵집과 늘 거미줄 같은 전깃줄

그 집 앞 나무와 더 오랜 시간이 골목마다 고여 있었지

기억보다 오랜 얘기들이 고스란히 걸어 나왔지

우리만의 향기롭던 지난날들이

어제 일처럼 내겐 느껴지는데

담벼락 낙서와 색 바랜 커튼과 페인트가 벗겨진 집들

오랜 것은 오래된 채 있고 사랑만이 떠나고 없지

윤건 <우리만의 향기롭던> 중

세월을 고스란히 안은 채 묵묵히 머무는 동네 풍경을 통해 어린 날의 사랑만이 떠나고 없음을, '사람의 가변성'에 대해 쓴 묘사 가사이다. 단순히 동네 정경을 객관적으로 묘사하는 것에서 끝났다면 가사는 가사로써 무용했을 것이다. 묵묵한 것들 사이에서 찾을 수 없는 유일

한 것, '사랑'. 그 사랑을 추억하는 화자의 탄식은 내 것이기도 하고 네 것이기도 하다. 이 시대의 자화상 같은 것이기도 하다.

낡고 바래고 낙서투성이가 되었어도 머물렀어야 하는 게 사랑이 아닌가, 묻게 된다.

이처럼 '무엇'을 드러내기 위한 묘사일 때 의미는 저절로 생긴다. 문장은 허투루 쓰는 게 아니라고, 묘사는 스스로 설명한다.

맥주처럼 새하얀 거품의 파도 모아놓은

어느 작은 섬 우리는 돛을 내려

투명한 아침 햇살은 샴페인처럼 터지고

더 이상 행복할 수는 없을 것 같아 지금 우리

밤이면 라디오에선 먼 메아리처럼 사랑의 노래

너의 입속에 내 가슴에도 부푼 그 말은

사랑해 너를 언제까지나

무박 이일 둘만의 기차여행에

어느새 들뜬 우리는 새처럼 자유롭지

가벼운 농담만으로 유리알처럼 뒹구는

해맑은 웃음소리에 행복이 벌써 가득한걸

쿨 <맥주와 땅콩> 중

그림이 그려지는가? 귀로 독서하면서 파도 부서지는 바닷가가 떠오르고, 햇살 맑은 아침이 보이는 듯하고, 텐트 속 나란히 눈 뜬 연인이 그려지는가? 기차 안에 나란히 앉은 연인의 재잘거리는 소리를 들은 것도 같은가?

<맥주와 땅콩>은 주관적/객관적 묘사가 어우러진 가사이다. 파도의 거품을 맥주 거품으로 본 것은 작가 고유 시선/주관적이고, 파도가 밀려드는 순간의 거품은 객관적 사실이다. 아침 햇살이 쏟아지고 있는 맑은 날은 객관적 사실이고, 샴페인처럼 터지는 것은 주관적 사실이다. 작가의 시선 덕에 파도는 하얀 포말이 되기도 하고, 맥주 거품이 되기도 한다.

텐트 속은 주관적/객관적 사실을 통해 사랑의 기쁨이 절정에 달했음을 암시하고 있다. 모든 묘사는 서로 어울리면서 하나의 정황을 구축해 낸다.

가사를 텍스트로 놓고 구조주의식으로 해체, 각색한다.

영상으로 치환되는 글은 독서에 생생함을 불어넣는다.

오직 영상을 만들기 위해 쓰는 글이 있다. 바로 드라마, 영화 대본이 그것인데 두 장르는 철저하게 영상 언어로 구분된다. 뮤직비디오 역시 영상 언어이므로 가사를 대본의 형식으로 이해하여 써보는 것이다. 이러한 방법을 나는 구조주의의 형식을 빌려 가사를 해체, 각색한다고 칭한다. 머릿속으로 영상을 돌리면서 쓰는 게 어렵다면 아래의 방법을 제안한다.

S#1. 바닷가 일각/오전

　　밀려왔다 밀려가는 파도, 하얀 물거품들.

　　텐트 하나가 모래사장에 있다.

　　그 텐트 위로 쏟아지는 햇살, 잘게 부서지고.

　　연인, 텐트에서 나와 기지개를 켜는데 눈이 부시다.

　　나란히 선 연인, 환하게 웃는다.

S#2. 텐트 안/밤

    나란히 누워 스마트폰으로 노래를 듣는 연인.

    사랑의 노래를 들으며 사랑을 나누고 있다.

    서로 더 사랑한다고 고백하면서 카메라, 틸트 업.

S#3. 텐트 밖/몽타주

    하늘의 무수한 별.

    그 별을 바라보는 연인,

    텐트 앞에 나와 서로의 어깨에 기대 나란히 앉아있다.

    손가락은 깍지 낀 채다.

    가볍게 입맞춤한 뒤 다시 하늘을 보면

    별자리가 그려내는 천사의 이미지.

S#4. 기차 안/플래시백

    많은 짐을 들고 고군분투하며 기차에 오르는 연인.

    짐 정리하고 앉아선 들뜬 모습으로 재잘거린다.

    창가에 햇살이 연인들의 모습을 환하게 비춘다.

    마치 유리알이 뒹구는 것 같은 햇살.

    그림자놀이를 하며 웃음 터뜨리는 연인.

S#5. 바닷가 일각/오후

　　석양 무렵, 바닷가에 도착한 연인.

　　서둘러 짐에서 무언가를 꺼내 들고 바다로 달려든다.

　　와인 잔에 바닷물을 담아 석양에 비치면 와인이 되고.

　　와인을 마시면서 눈 맞춤하는 연인.

　2씬으로 돌아와 페이드아웃. 위의 구성을 놓고 가사로 각색하면 생생한 영상을 느낄 수 있다. 1씬에서 2씬으로 넘어가는 것이 음악에선 코드/멜로디 진행의 구성법이 되고, 음악의 구성에 따라 **장면도 전환**하는 서술을 해야 한다. 이때 동원되는 것이 **점프와 생략**이고 동시에 **문단 꼬리잡기**이다. 장면은 연관성을 갖고 전환해야 하나 문단은 서로 유기적으로 연결되어 있어야 한다는 뜻이다.

가사의 가시성을 드러내는 일, 묘사.

　묘사는 작가의 세상을 향한 시선을 드러내는 바로미터이다. 신춘문예를 통해 등단하는 시인들의 작품 가운데 대단히 많은 수치를 차지하는 게 묘사 시이다. 세계를 포착하는 시인의 시선을 얼마나 중요하게 여기는가, 알 수 있는 대목이다. 가사는 뮤직비디오로 발표되면서 영상 언어의 기능도 담당한다. 회화적이어야 하는 절대적 이유가 된다. 가사로 풍경을 그려내고 인물의 심상을 그려내고 주변 사물의 형태를 그려내는, 세계를 포착하는 시선이 필요하다. 영상으로 탈 장르 하는 가사의 가시성에 주목하여 가사를 써야 한다.

단순히 장소에 대해 정보를 제공할 때는 설명적 묘사를, 장소에서 어떤 사건이 일어날 것을 제공할 때는 암시적 묘사를, 인물에 대한 정보를 제공할 때는 주관적 묘사를, 대상을 관찰한 그대로 제공할 때는 객관적 묘사를 한다. 그러나 의도하여 글쓰기를 하지 않는 다음에야 설명적/암시적 묘사와 주관적/객관적 묘사는 섞여 있게 마련이다.

묘사는 어떤 글보다 영상으로 치환하는 힘이 크다. 위의 형식을 인용하면 쉽게 쓸 수 있다.

학생의 습작품을 살펴보자. 합평을 듣고 수정하여 퇴고에 이르는 것은 가사 쓰기에 가장 핵심 연습 방법이다.

우선 문장을 살필 것이고 다음으로 구성을 살필 것이다. 그다음 영상으로 치환되는가, 부르면서 연상해보자.

(S#1.)

바래왔죠 누군가 사랑을 만들어주길

그녀와 나의 사이 이어주길 친구에게 부탁했었죠

난 친구일 뿐이라는 그 말을 굳게 믿었죠

(S#2. 카페/플래시백)

그녀와 맨 처음 만났던 카페

준비한 음악들과 노란 장미 두 사람의 지난 추억이었죠

그녀의 빛나던 눈빛이 내가 아닌 친굴 그리워한 눈물이었죠

(S#3.)

세상에 날 위해서 내 사랑을 이뤄줄 사람은 없었죠

사랑 스스로가 만들어야 해요

(S#4. 몽타주)

그녀의 취향을 알려준 친구의 모습

주말의 영화들과 기차여행 지난 둘의 추억일 줄 몰랐죠

그녀의 이름을 말할 때 웃던 친구 모습이 이제야 떠오르네요

(S#5.)

세상에 나를 위해 내 사랑을 이뤄줄 사람은 없었죠

사랑 스스로가 만들어야 해요

(S#6. 거리 일각)

찾아간 친구 집 앞 함께 있던 두 사람

눈물의 그녈 안아주던 친구를 보고 말았죠

처음엔 날 위한 진심이었단 친구의 말

나는 믿어줘야 하는가요 참 우습네요

(S#7.)

누군가 날 대신해 내 사랑을 만들어주길 바랐던 나

이제 알죠 사랑의 시라논 없죠

사랑 스스로 만들어야 하는 거죠

<시라노를 믿지 마세요>

(원곡 : 윤건 <알아주길>)

　　영화 <시라노;연애조작단>에 근간을 둔 습작품이다.
　　영화는 프랑스 극작가 '에드몽 로스탕'의 5막 희곡이
원작이다. 실존 인물인 '시라노'의 일생이 주된 모티프이
다. 명랑한 소영웅주의와 서툴고도 달콤한 연애 감정이
뛰어난 시구들로 전달된다. 이 희곡을 바탕으로 1950년
미국의 '마이클 고든' 감독이 영화로 만들었고, 1987년
<록산느>라는 제목으로 다시 리메이크했다. 1990년엔
프랑스에서 <시라노>의 제목으로 리메이크했고 우리나
라에선 '연애조작단'이라는 부제를 붙여 리메이크했다.

인물과 사건, 배경 등 모든 것은 정보를 갖는다.

　　각국의 해석이 곁들여져 몇 번씩이나 리메이크할 만
큼 오래도록 사랑받는 이야기라고는 해도 모두가 고유
명사로 '시라노'를 알기 쉽지 않다. 그러므로 **'시라노'에 대
한 정보**는 짐작할 수 있을 정도로라도 **제공해야** 한다.
습작품은 최소한의 정보를 제공하지 않은 채 초고를 마
무리했다. 조금 친절한 진술/친절한 글쓰기가 필요하다.

무엇이든 대행이 가능한 세상이다. 결혼식에서 부모 역할은 물론 하객 역할도 대행이 가능한 세상이다. 하물며 사랑이야! 감탄 뒤에 세태를 풍자하는 씁쓸함이 이 습작품을 관통하는 작의이므로 따로 주제를 언급할 필요는 없겠다. 로맨틱 '코미디'라는 장르가 갖는 해학과 풍자를 갖추었으니 장르에 맞는 글쓰기도 했다. 영화를 모티프로, 드라마타이즈로 썼으니 글감의 성격도 잘 파악하여 쓴 초고이다.

영상은 화면을 지우지 않는다.

<시라노를 믿지 마세요>는 일곱 개의 씬으로 구성된 가사이다.

씬마다 괄호 속에 표기했듯 배경/장소와 시간이 선명해야 영상 언어로 적합하다. 윗글에선 배경/장소가 모호하거나 드러나지 않아 미처 표기하지 못한 곳이 있다. 연상하면서 쓰지 않은 탓이다. 필름에 담을 때 화면을 지우는 글쓰기가 되는 것이다. 진술의 순서가 뒤섞여 정황도 명확하게 드러나지 않는다. 언술 행위 역시 부족하다. 그 바람에 **지배적 인상**도 구축하지 못했다.

S#1. 화자/가수가 무중력의 공간에 있는 게 아니라면 어느 곳에 있는지 짐작할 수 있게 써야 한다. 게다가 친구에게 친구의 '여자 사람 친구'를 소개해 달라는 것은 제목인 '시라노'와 배치된다.

S#2. 대과거에서 과거로 이어온 진술이다. 친구가 그녀의 속내를 모르고 소개팅을 시켜준 걸까? 아니면 다른 연인이 있어 그녀를 떼 내려고 내게 소개팅을 시켜준 걸까? 불분명한 정황은 진술을 모호하게 한다. 캐릭터조차 모호해진다.

S#3. 친구의 친구를 사랑한 내가 독백으로 마무리할 진술로 마땅한가? 한탄 조의 푸념이 이들 사이의 관계를 드러내기엔 역부족이다.

S#4. 이제 떠올려 보니 친구도 그녀를 사랑했는데, 도대체 친구는 무슨 마음으로 그녀를 내게 소개해준 걸까? 나/화자는 도착한 진실 앞에 어떤 마음이 들어야 정상인 걸까?

S#5. 골키퍼 있다고 골 안 들어가지 않는다고, 저 유명한 명언을 포기해야 할 만큼 나는 그녀와 친구의 사이를 응원하는가? 내 사랑은 이리도 쉽게 포기하고?

사랑이 그렇게 가벼웠나?

　　S#6. 화자의 성격은 어떻기에 친구와 그녀가 포옹하는 장면을 몰래 숨어 보는가? 앞에 나타나지 않나? 숨어서 보기만 하는 주인공은 매력 없다.

　　S#7. 친구를 시라노로 규정하기에 이들의 플롯은 마땅한가?

점프와 생략으로 필름은 돌아간다.

S#1. 카페 안/오후

　　　　　바란 거죠 사랑의 인연을 찾아주기를

　　　　　시라노 도움받아 인사 멘트 웃는 표정 연습했었죠

　　　　　늘 실패했던 만남들 오늘도 다르지 않죠

S#2. 버스 안/밤

　　　　　술 취해 집으로 가는 버스 안

　　　　　옆자리 울려오는 주인 잃은 핸드폰 속 낯선 여자 목소리

　　　　　한 번 더 만나줘 돌아와 울음 섞인 외침 내 맘속에 깊이

울리죠

S#3. 골목길 일각/시간 경과

　　　각자의 짝이 정말 있을까요 운명이 정말 있을까요

　　　어서 나의 눈앞에 나타나 주길

S#4. 거리 일각/시간 경과

　　　마주한 전화의 목소리 주인공 그녀

　　　헤어진 남자 폰을 건네받고 울고 말죠 그런 그녈 다독여

　　　사랑의 아픔도 부럽단 나의 말에 그녀 빤히 나를 쳐다

보죠

S#5. 골목길 일각/시간 경과

　　　각자의 짝이 정말 있을까요 운명이 정말 있을까요

　　　어서 나의 눈앞에 나타나 주길

S#6. 포장마차/시간 경과

　　　위로와 푸념들에 술도 한잔 기울여

　　　자신이 더욱 불쌍하다 서로가 말을 하네요

　　　사랑의 실패에 우는 우리가 참 우습죠

　　　고갤 떨구며 쓴웃음 짓는 그녀의 모습

S#7. 포장마차 앞/시간 경과

　　서로를 응원한단 한마디와 앞으로 자주 보잔 말에

　　기분 좋은 예감이 들어요 오늘

　　더는 사랑의 시라노는 찾지 않죠

　2씬에서 3씬으로 넘어갈 때 문단 꼬리잡기가 됐는가? 꼬리잡기란 진술에 천착한다는 말과 같다. 낯선 여자로부터 받은 전화. 핸드폰/스마트폰을 돌려주려 만나러 가는 길, 독자/청자들은 어떤 기대를 품는다. 점프와 생략을 통해 그 기대를 충족하는 글쓰기를 했는가, 살펴야 한다. 만나러 가는 길을 생략하는 대신 만나는 현장을 쓰면 우린 만나러 왔음을 이해한다. 만나서 하는 얘기를 일일이 쓰는 게 아니라 결론만 씀으로 중간을 짐작할 수 있게 하는 점프 역시 제한된 글쓰기의 장르에선 꼭 필요하다. 영상 언어를 쓰는 필수 작법이기도 하다. 이처럼 줄거리를 엮을 때 구성상 꼭 필요하지 않은 사건과 진술을 빼는 것이 점프와 생략이다.

캐릭터와 사건을 배반하는 글쓰기는 미완이 된다.

소개팅에서 시라노 도움을 받았으나 또 실패한 화자/주인공의 행위는 기원으로 시작한다. 그런데 운명이 있다면 어서 빨리 나타나 주길, 굳이 부연하여 기원의 진술을 할 필요가 있을까, 묻게 된다. 중복 진술이 아닌 채 중언부언하는 것처럼 느껴진다. 좋은 진술이 아니다.

실연과 소개팅에서 원하는 결과를 만들지 못한 것을 실패로 규정해도 되는가, 의문이다. 막 사랑을 잃고 사랑하는 남자의 핸드폰(스마트폰)을 받으러 온 그녀의 입에서 앞으로 자주 보잔 말이 나올까, 심상을 들여다보면 이 진술 역시 회의가 든다. 캐릭터와 사건을 배반하는 글쓰기는 좋지 않다. 게다가 자주 보잔 한 마디로 시라노를 찾지 않는 것은 성급하다. 생략할 것은 진술하고, 진술해야 할 것은 생략했기에 이런 부조화의 문장이 되는 것이다.

바란 거죠 사랑의 인연을 찾아주기를

시라노 도움 받아 인사 멘트 웃는 표정 연습했었죠

늘 실패했던 만남들 오늘도 다르지 않죠

실망해 집으로 가는 버스 안

옆자리 주인 잃은 핸드폰이 울려와요 전화 속 여자 목소리

한 번 더 만나줘 돌아와 그 울음 섞인 외침 내 맘속에 깊이 울리죠

운명이 만들어 놓은 짝이 있을 테죠 사랑이 조작될 수 있다면

그녀 기다리며 시라노를 찾은 것 같죠

마주한 전화의 목소리 주인공 그녀

헤어진 남자 폰을 건네받고 울고 말죠 그녈 다독여 보죠

사랑의 아픔도 부럽단 내 말에 그녀는 놀란 듯 나를 쳐다보죠

운명이 만들어 놓은 짝이 있을 테죠 사랑이 조작될 수 있다면

왠지 눈앞에서 시라노를 찾은 것 같죠

위로와 푸념들에 술도 한 잔 기울여

시라노 따라 사랑 찾던 내 얘기에 위로를 건넨 그녀

운명이 우릴 데려온 듯 서로의 상처를 보듬죠

시작된 줄도 모른 사랑이 서롤 웃게 하죠

아무런 긴장 없이 마주하는 그녀의 눈빛이 참 편하죠

운명이 시라노 되어 우릴 마주 앉힌 거죠

더는 사랑의 시라노는 찾지 않죠

<시라노를 찾지 마세요>

사랑은 스스로 있어야 할 곳을 찾아온다는 진리를 재조명하는 작품으로 퇴고했다. 한 글자를 바꾼 제목은 사랑의 주체성을 드러내는, 제목 자체로 작의를 갖는다.

카페나 집에 정물처럼 앉아있는 가사/영상을 사진 씬 혹은 앉은뱅이 씬이라 한다. 앉은뱅이 씬, 사진 씬은 이야기를 재미없게 만든다. 카메라가 한 곳만 비추며 이야기를 끌고 간다고 가정해보라. 얼마나 지루한가. 영상 언어로 치환되는 가사 역시 마찬가지이다. 주인공을 괴롭힐 때 이야기는 흥미진진해지고 진술(카메라 워크=뮤직비디오)도 역동성이 생긴다.

캐릭터/주인공/화자를 괴롭혀라.

<시라노를 찾지 마세요>에서 화자/주인공은 소개팅

하러 카페에 들러 버스를 타고 스마트폰을 돌려주러 또 어딘가로 급하게 달려가고 뜻하지 않게 포장마차에 앉아 서로의 신세를 하소연하고 혼자 집으로 돌아가며 어떤 기대 섞인 마음으로 시라노를 찾지 않기에 이른다.

화자/주인공을 따라 노래 부르며 우리는 끝없이 어딘가로 이동했다. 주인공을 창가에 앉혀두고 커피 한잔 마시면서 상념에 젖어 이 모든 생각을 이뤄내게 했다면 이야기는 재미없다. 현장보다 생생한 것이 없고, 직접 부딪치는 것보다 구체화한 사건이 없기 때문이다.

영상 언어를 떠올려 보자.

영화 속, 드라마 속 주인공이 이별을 통보받았다고 치자. 주인공은 집으로 곧장 돌아가 이불 뒤집어쓰고 우는 게 현실적일 수 있다. 그러나 영화 속, 드라마 속 주인공들은 차마 집으로 돌아가지 못한 채 하필 도로를 한없이 걷는다. 정처 없이 걷다가 이면 도로에 접어들고, 그 순간 덤프트럭이 빵! 경적을 울리며 다가온다. 헤드라이트 불빛은 주인공을 삼켜버릴 듯 덮친다. 삶이 위태로울 정도로 이별이 힘들다는 것을 암시하는 장면이다.

때로 주인공은 덕수궁의 돌담길을 걷는다. 주인공은

낙엽을 밟으며 눈물 고인 눈으로 비틀거린다. 그때 카메라는 눈물 고인 주인공의 얼굴을 비추기보다 밟힌 낙엽을 비춘다. 낙엽처럼 밟힌 주인공의 마음을 암시하는 것이다. 한여름에 이별을 통보받은 주인공은 하필 맨발로 어딘가를 한없이 걷는다. 손에는 덜렁거리는 구두가 들려있는데 보면 구두 굽이 떨어져 있다. 정신없이 걷다 보면 자신을 버리고 떠난 연인의 회사 앞이거나 집 앞이다. 그때 하필 소나기가 내린다. 빗물처럼 쏟아지는 눈물을 암시하는 장면이다.

데이트하는 연인이 있다고 치자. 그들은 혼자 사는 누군가의 집에 진을 치고 앉아 텔레비전을 보다가 라면 끓여 먹고, 컴퓨터 조금 하다가 다시 저녁 먹고 사랑의 행위를 나눈 후 아무 일도 없이 편안하게 헤어진다. 이것이 보편적인 데이트의 모습일지라도 작품은 일상의 한 부분을 현미경으로 들여다보며 마이크로 묘사하거나 극대화해야 한다. 함께 먹는 라면에 의미를 부여하여 세상에서 가장 큰 행복을 끓인 시간이 되어야 한다.

가장 무리 없이 쓰는 건, 특색 없는 데이트로 하루를

보내던 중에 사건이 생겨야 한다. 라면을 끓이다가 엎어서 데거나, 컴퓨터 게임을 하다가 누군가 때문에 게임에 지고 그게 다툼으로 이어지든가, 사랑의 행위를 하던 중에 이름을 잘못 호명하여 사랑을 고백하거나 행위 중에 몸에 배기는 게 있어 보면 다른 누군가의 은밀한 물건이든가…, 사건을 넣는 것이 좋다.

인물/화자가 일요일 오후의 편안함을 아무 생각 없이 즐기고 있다면 부러움의 대상이 될 뿐, 울림이나 정서적 동요/동의가 일어나지 않는다. 일요일 오후가 지루해야 하고, 어디도 나가지 못하는 청춘을 한탄해야 하고, 그러다가 마침내 집에서 탈출해야 한다. 그런데 갈 곳이 없어야 한다. 친구들은 모두 데이트 중이거나 약속이 있어야 하고 영화라도 볼까 하는데 보고 싶은 영화는 매진이어야 한다. 하필 주인공의 앞과 옆엔 연인들이 감싸고 있어야 한다. 이때 주인공의 궁상스러움, 별것 없는 청춘은 극대화된다.

더 쉽게 예를 들면, <어벤저스>는 지구를 지키기 위해 목숨을 건다. 도저히 대적할 수 없을 것 같은 절대 악을 상대로 만나 고군분투하면서 꼭 질 것처럼 위기에 몰린다. 그러다가 극적으로 이긴다. 쉽게 성취한 평화는 귀한 줄 모른다. <백설 공주>는 못된 새엄마를 만나는 것으로 모자라 쫓겨나고 이제 겨우 숨 쉬고 사나 했는데 그 순간 독이 든 사과를 먹고 죽음과 같은 잠에 빠진다. 왕자님을 만나 해피엔딩에 이르도록 공주의 고난은 내내 이어진다. 시대가 바뀌어 <백설 공주>를 바라보는 시각은 새롭게 해석되고 있지만, 아날로그 방식으로 풀어낸 이야기로는 그렇다.

주인공/화자가 많은 곳을 돌아다닐수록 사건을 만나기 쉽다. 사건은 음악에 긴장감을 불어넣어 주고, 음악을 풍성하게 해준다. 3분 30초의 음악이 장편소설처럼 읽히기도 하는 것은 주인공/화자의 역할이다. 더 많은 곳으로 데리고 다니고 더 힘든 일을 겪게 하고 더 많은 시간 아파하게 하는 것이야말로 효과적인 이야기가 된다. 주인공/화자를 괴롭힐 때 영상은 더 생생해지기 때문이다. 조금 더 드라마틱해지는 것이다. 가사가 가야할 길이다.

3. 묘사하고, 묘사하고, 묘사하라

- 문체는 작가의 얼굴이다.

고유 시선으로 세계를 포착하는 눈, 묘사이다.

　가사를 영상으로 치환하는 가장 유용한 문장이 묘사라고 했다. 묘사는 작(사)가의 정체성을 드러내는 거의 유일한 도구이다.

　작가 고유 시선으로 세계를 포착하여 작가 고유 문장으로 해석을 할 때 작가의 문체가 생긴다. 사상보다 문장의 묘미를 강조한 소설가 이태준을 비롯하여 '문체주의자'로 불린 작가들이 있을 정도로 작가 고유 문장은 꼭 필요하다. 같은 내용도 다르게 들리는 것은 문체 때문이다. 고유 문체를 만드는 일은 기계적이고 관습적인 글쓰기에서 벗어나는 가장 좋은 방법이다. 인물/사건을 관찰, 해석하는 것이야말로 작가에게 주어진 제1의 의무이기도 하다.

말했다시피 세상의 좋은 글은 이미 살다 간 작가가 다 썼다. 그중엔 문장도 포함된다. 글은 모조품이나 복제가 아니라 작가의 고유 세계를 드러내는 일이다. 문장에 개성이 없다면 아무리 좋은 글도 복제의 의혹을 받기 쉽다.

문체는 작가의 색깔을 드러내는 도구로 매우 유용하다. 문체를 드러내는 것은 묘사에서 가장 쉽고, 명징하게 할 수 있다. 하늘을 다른 단어로 표현할 수 없고, 돼지는 돼지로, 벽은 벽으로, 가을은 가을로만 표기할 수 있다. 이미 통용하기로 약속한 단어들을 전혀 다른 단어로 바꿔선 쓸 수 없다. 의미 전달이 되지 않는다. '행복해'를 '항복해'로 쓰는 순간 최초의 의미는 파괴된다. 묘사만이 다르게 쓸 수 있다. 하늘이 파랗다, 높다, 넓다를 벗어나 새로운 하늘이 되도록 하는 것, 그것이 묘사이다. 시끄럽다거나 입 다물고 있다거나 배불러 있다거나, 작가가 쓰기에 따라 물리적으로 같은 하늘은 심정적으로 전혀 다른 하늘이 된다. 해석을 곁들인 묘사는 작가의 고유 시선으로만 가능하다.

파도를 바라보는 작가의 고유 시선/묘사에서 우리는 새로운 파도와 만날 수 있다. 저 유명한 글귀 '을씨년스러운'을 무디 블루(moody blue)로 해석한 팝송이 있다. '을씨년스러운' 것을 가져와 쓰는 것이 복제이고, 새로운 해석을 넣는 것이 묘사이다.

배우고 익히면 이 또한 즐겁지 아니한가.

록, 팝, R&B, 디스코, 트로트, 힙합, 포크 등 음악은 장르로 구분한다. 음악 장르에 맞게 가사도 장르적 글쓰기를 해야 마땅하다. 가사만 읽어도 음악 장르를 알아챌 수 있어야 한다. 장르는 글의 성격을 대변하는 동시에 플롯, 캐릭터, 시점을 규정한다. 가사 장르는 음악과 결을 같이 하는데 이때 문체가 맡는 역할이 크다. 문체는 서술과 묘사와 대화를 통해 규정된다.

피아노 연주자가 되기 위해선 도레미파솔라시도 음계부터 차근차근 연습하여 배우고 익힌다. 그림을 그리기 위해선 데생과 구도부터 시작해 배우고 익힌다.

달리기 역시 마찬가지이고 태권도 역시 마찬가지이다. 미술과 음악, 체육 등등은 기초부터 익혀야 하는 것을 당연히 여긴다. 바이엘 책을 사고 데생 연필을 산다. 도복을 사고 라켓을 사고 트랙을 찾아간다. 그런데 문학/가사/글쓰기는 언어가 재료임에도 살 생각을 하지 않는다. 늘 쓰던 말이므로 재료 구매는 물론 배우고 익혔다고 믿는데, 그렇지 않다. 9품사에서 묘사까지 배우고 익혀야 한다.

의성어, 의태어를 활용하라.

살랑살랑:설렁설렁, 까맣다:꺼멓다:거멓다, 물렁물렁:말랑말랑, 졸졸:철철, 생글생글:싱글싱글, 깜깜하다:캄캄하다:감감하다:어둡다 등의 큰말/작은말을 문맥에 맞게, 캐릭터와 일치하도록, 문장의 수위에 맞춰 쓸 수 있어야 한다. 이러한 의성어, 의태어를 쓸 때는 '음악적 허용'을 최대한 활용하여 자신만의 개성 있는 표현을 만들어낼 수 있어야 한다.

우리 집고양이는 "야옹!" 대신 "미웡!", "삐웅!", "얌!" 하며 나를 부려먹는다고 할 수 있어야 한다. 그녀의 울음소리는 "꾹꾹" 무언가 내리누르는 듯했다거나, "추 릅추릅" 눈물을 먹고 있는 것으로 들렸다거나, 그는 웃 을 때 마치 나를 지키러 온 강아지 마냥 "깽깽"거렸다. 등 다양한 언어를 쓸 수 있어야 한다. 이럴 때 개성 있는 글쓰기가 된다. "문장이 가사 쓰기에 기둥이라면 문체 는 건물의 색깔이며 실내디자인이다."[2]

문체를 강화하는 것으로 나는 장르적 글쓰기를 추천 하기도 한다. 캐릭터 중심/신화, 영웅 중심의 가사 쓰기 와 사건/줄거리 중심의 가사 쓰기, 코미디 중심의 가사 쓰기로 구분하는 일은 매우 중요하다. 음악 장르를 공고 히 함과 동시에 음악 해석에 모범이 되는 길이기 때문이 다. 세상을 해석하는 작가 고유의 문장으로 묘사가 더 해지면 가사만 읽어도 음악 장르를 알 수 있게 된다.

BGM을 알면 가사가 보인다.

음악 장르에 맞게 가사 쓰는 방법으로 나는 영화 를 제안한다. 음악을 영화로 변환해 보는 것이다.

---

[2] 전상국著 <당신도 소설을 쓸 수 있다> 중에서

BPM(beats per minute. 음악의 속도를 숫자로 표시한 것으로, 그 수가 클수록 빠르다. 일반적으로 BPM의 시간 단위는 1분이다.)에 따라 로맨틱 멜로와 로맨틱 코미디로 장르 변환할 수 있다. 로맨틱 멜로와 로맨틱 코미디물의 영화를 보다 보면 BGM으로 팝 발라드, 록 발라드, 브리티시 팝 등의 장르를 사용하고 있음을 알 수 있다. 그러니 발라드곡엔 로맨틱 멜로나 로맨틱 코미디 성격의 플롯을 내세워 쓸 것이다. 느와르, 액션, 형사 버디물은 메탈록과 힙합이 메인 장르로 들어와 BGM을 채우고 있다.

B급 드라마를 표방하는 <톱스타 유백이>를 재미있게 보고 있다. 에피소드와 딱 맞아떨어지는 음악은 병맛 드라마를 웰메이드 급으로 승격시켜 놓았다. 잦은 슬랩스틱과 변주되거나 의도적으로 재탕하는 에피소드, 슬픔이 한가운데를 관통하는 가운데에도 허를 찌르는 반전의 행동들은 의심의 여지 없이 B급이다. 그런데 낯설다. 익숙한 채로 낯선 것은 굉장한 힘을 갖는다. 낯설게 하기는 새롭게 하기와 동격의 말을 갖는다. 일화와 일화가 연결되고, 주인공과 주인공이 호환하는 마음/사랑이

꿈틀거릴 때마다 음악은 절묘하게 상황을 완성하는 역할을 한다. 그리하여 드라마는 B급이 아닌 AA로 격상된다. 음악이 가진 힘이다. 음악에 붙은 가사가 그 역할을 했음은 물론이다. 직조된 에피소드들이 상승효과를 발휘하여 A급 이야기로 전개되는 것이 기둥임을 말하는 것은 입 아프다.

음악 없는 영화·드라마는 없어도 영화·드라마 없는 음악은 있다. 영화와 드라마를 음악에 붙은 가사가 메우고 있기 때문이다. 때론 음악 자체가 영화이고 드라마이기 때문이다.

<스포트라이트>, <라이언 일병 구하기>, <도둑들>은 사건을 통해 진실을 드러내는 방식으로 쓰였다. <7번 방의 선물>, <웰컴 투 동막골>, <덤앤더머>는 코미디물로 풍자와 해학으로 플롯을 이끌고 있다. <레인맨>, <나 다니엘 블레이크>, <그것만이 내 세상>은 휴머니즘을 전면에 내세운 드라마이다. <첨밀밀>, <이터널 선샤인>, <화양연화>는 로맨스물이다. 이들 영화의 BGM을 떠올려 보라. 장르에 충실한 음악이지 않은가. 음악을 벗어나 가사를 쓸 수 있겠는가. 영상은 음악을 떼놓고 생각

할 수 없다. 불가분의 관계는 내러티브/음악의 해석에
달렸다.

사전은 글쓰기의 필수 지참서이다.

졸린 눈 부벼 창문을 열면 기대앉았던 바람 내 머릴 만져

등 뒤에서 너를 안으면 더 행복할 수 없는걸

브라운아이즈 <with coffee> 중

졸린 눈 '비벼'가 사전적 표준어이다. 하지만 노래로
부를 때 발음이 예쁘지 않았다. 귀로 읽었을 경우 어쩐
지 동글동글하게 빚어지는 아침 풍경이 그려지는, 회화
적 의미가 조금 더 솔깃했다. 하여 '비벼'의 잘못인 줄 알
면서도 '부벼'로 표기했다. 의미가 왜곡되거나 오독 하지
않을 것이 확실한 문장이기에 그랬다. 관용적으로 '비
벼'의 잘못인 줄 알면서 써온, 그 관습에 기댄 것이다.
'음악적 허용'의 범주를 스스로 망가뜨려 놓긴 했으나
다시 그 시절로 돌아가 새로 써야 한다 해도 '부벼'를 선
택할 것 같다.

글쓰기가 적확하기 위해선 반드시 사전을 옆에 놓고 써야 한다. 아는 단어도 사전에서 다시 확인하고 쓸 것을 권한다. 글쓰기는 사전 찾기의 연속이라야 옳다.

바람을 의인화하여 '기대앉았다', '내 머릴 만져' 등으로 비유, 묘사함으로써 영상으로 치환되도록 쓴 위의 문장을 작곡가이자 가수인 윤건은 '누나 문장이네. 누나답다.'고 말했다. 가사 문장으로 '나답다'는 말을 듣는다는 것은 행복한 일이다.

가장 '나'다운 문장을 훈련하라.

잠든 나를 간지럽히는 햇살에

눈을 뜨면 코앞까지 와있는 아침

어제 둘이 나눈 속삭임이 꿈이 아닌 듯

곤하게 아직 잠든 그댈 바라보네

제일 먼저 커튼을 젖히고 창문을 활짝 열면

넘어져 들어오는 바람과 인사를 나누지

우리 앞에 많고 많은 생이 오늘만 같다면

김건모 <당신만이> 중

윗글 역시 영상으로 치환되도록, 묘사와 비유, 은유, 기원 등을 사용하여 썼다. 좀 더 적확하게는 서경적 구조의 고정 시점으로, 주관+객관적 묘사를 교차하여 독백적+기원적 진술로 쓴 가사이다. 작품 전체를 지배하는 분위기가 배경이 되어 작품의 형상화를 이루도록 권유하는 소설 작법에도 해당하는 가사가 된다.

이 작품을 썼을 때 가수는 "누나한테 가사 부탁할 때 이런 걸 기대했던 것 같아." 말했었다. 내 문장에 특성이 있음을 암시하는 말이다. 작가 고유의 문장을 기대하게 하는 것, 그것이 문체이다.

랩 스물네 마디는 놀이터와 연한 골목 풍경을 묘사하고 있다. 설명적 묘사를 통해 삶이 행복하다는 것을 암시하기 위한 의도적 묘사임을 알 수 있다. 삶이 비루하거나 누추한 마음이었다면 문밖의 아이들 웃음소리는 소음이 되어야 하고 놀이터는 낡고 공허할 것이며 심지어 그네의 줄도 끊어져 있는 게 전체 분위기/지배적 인상에 어울릴 것이다. 그러나 저토록 생생한 아이들의 행복은 내 심상이 현재 행복하다는 것을 암시하기 위한 묘사이다. 그러므로 설명적 묘사는 단순히 장소에 대한 정보제공 외에 작가가 의도한 암시가 숨어있음을 알아야 한다.

비유와 묘사가 의미 있게 쓰였기에 앞으로의 삶이 늘 오늘만 같기를, 기원의 마땅함에 도착한다.

주동이냐 사동이냐, 능동이냐 피동이냐 그것이 문제로다.

태어나 맨 처음 기도했어 이번엔 이별이지 않게
영원한 사랑을 지킬 수 있게 한 번만 도와주길

신승훈 <엄마야> 중

보통은 "이별'하지' 않게"로 쓰인다. 겪고 보니 이별은 내 뜻도, 내 의지도 아니었던 적이 많았다. 사동이나 피동의 상태로 맞이한 이별이 대부분이었기에 상대방이 나를 떠나지 않도록, 기원을 강도 높여 주장하고 싶었다. 그런 이유로 이별'이지'로 썼는데, 이 단어를 작곡가이자 가수는 콕 짚어 좋다고 말했다. 슬픔이 확장되는 것 같다고. 말처럼 피동이나 사동으로 대하는 이별은 충격의 농도가 세진다. 단어는 효과/의미를 위해 쓰인다.

가사에선 주로 능동이 진술의 방법으로 쓰인다. 주체성 강한 캐릭터들이기에 그렇다 하더라도 단선적인 문장은 생생하지 않다. 하여 나는 주동, 능동, 사동, 피동, 4개의 동사를 상황에 맞게 골라 쓸 것을 권한다. 캐릭터를 완성하는 하나의 방법인 동시에 나만의 문장을 드러내는 방법이기 때문이다.

부지불식간에 놀랐을 때 삶의 최우선순위로 찾는 동아줄은 엄마이다. 이별 후 비명처럼 혹은 주억거릴 대상으로 엄마를 호명할 때 화자/주인공의 울음은 위로받을 것을 짐작한다. 기댈 곳이 있으므로 상처에서 회복할 것 역시 짐작한다.

상징체계와 비유는 문장을 풍성하게 한다.

얼굴 없는 슬픔 하나 다스리지 못한 가슴엔

너를 보낸 텅 빈 광장 있어

다른 이별 더 큰 아픔을 얼마나 더 겪을지

세상의 눈물 마를 때까지 아직 너를 기다려

김종서 <세상의 눈물 마를 때까지> 중

　윗글은 추상의 개념으로 다루어지는 슬픔을 물화하는 것으로 해석한 가사이다. 슬픔엔 얼굴이 없다. 라는 단문은 매우 당연한 소리인데 가사 장르에선 슬픔은 소비되는 것으로 사용해왔다. 너 떠나니 슬퍼, 너 없어 슬퍼, 보고 싶어서 슬퍼, 슬픔이 나를 감싸, 슬픔을 버리고 싶어, 슬픔에 지배당한 삶, 오늘은 슬퍼하느라 종일 바빴다…, 등등이 그 한 예이다. 너 떠난 뒤 가슴이 텅 비었어, 가슴이 아파 등 상심한 마음을 표현할 때도 가슴, 마음으로 좁게 놓고 써왔다. 가슴은 광장이기도 하고 들판이기도 하고 금 간 유리이기도 하고 화분이기도 하다. 광장, 들판, 금 간 유리, 화분은 상징체계로서의 언어이다.

　비유하고 상징하여 진술/문장의 폭을 넓히는 것은 작가의 숙명이자 과제이다.

　'세상의 눈물 마를 때까지'와 '너를 기다려' 사이에 '아직'을 넣은 것은 형용모순이 된다. 하지만 미래로 시점을 보내놓고 쓴, 영원히 오지 않을 시간에 도착하고 보니 아직 너를 기다리는 식의 진술은 일종의 타임슬립 가사가 된다. <세상의 눈물 마를 때까지>는 판타지 로맨스 가사인 셈이다. 한 사람을 향한 영원함을 쓴 가사인데 사랑은 아날로그인 게 좋지 않은가, 묻고 있다. 질문 속에 주제가 담겨있다.

사회적 통념에 반항하기.

난 서른이 되길 원했어 그건 희망의 나이였지

모진 슬픔이 다 끝난 편한 삶을 아마 꿈꾼 거야

다 잊었단 말을 한 뒤에 또 흐르는 눈물 보니

아직도 스물의 옷 한 벌 가진 듯해

김완선 <서른의 노래> 중

윗글은 '서른' 살이라는 사회적 통념이 야만적인 게 아닌가, 질문에서 시작했다. 질문은 곧 작의가 된다. 사회는 청소년에게, 스무 살에게, 서른 살에게, 마흔 살에게 각각 그 나이에 맞는 행동과 사고와 직업과 경제를 주문

한다. 왜 청소년은 공부만 해야 하는가. 사랑에 빠질 수도 있고 창업을 할 수도 있다. 왜 스무 살은 대학 생활과 아르바이트를 병행하는 것으로 규정하는가. 왜 서른 살은 삶이 주는 모든 것에 익숙해져야 하는가. 왜 마흔 살은 대학생이 되면 특별한 일로 해석되는가. 이런 질문 끝에 스무 살에 꿈꾸었던 서른 살은 사회적 동물인 내가 규정한 것이었음을 알게 되었다. 익숙하지 않으면서 익숙한 척해야 했던, 나를 비롯한 내 주변의 서른 살들이 안타까웠다. 가수의 고백도 이 작품 어딘가에 녹아 있다.

열 살엔 10kg의 무게로 힘들었다. 오십에 이르니 50kg의 무게를 들어야 했다. 지천명(知天命)은 도무지 알 길 없고 갈수록 무거워지는 삶을 가까스로 견딘다. 육십에 이르면 삶이 주는 무게를 기꺼이 들게 될까 나는 육십을 기다린다.

한 번도 들어보지 못한 무게 30kg에 헤맸던 내 서른 살을 뒤늦게 위로한다. 세상의 모든 서른 살에게도.

어떤 나이도 완벽하게 철들거나 삶을 통달할 수 없다. 특히 인류 전체의 화두인 사랑은 더 통달할 수 없다.

불완전한 채로 삶의 곳곳을 채우는, 그 사랑의 지속성이 이 작품의 주제이다.

세상을 해석하고 묘사할 때 성실한 가사가 된다.

모두가 잠든 밤에 그대 오는지

거친 바다, 말을 달려서 내게로

외로움 모를 테지 그대 있다면

내 오랜 꿈이 피어 푸른 초목 넘칠 날들만

정세훈 <꿈꾸는 섬> 중

자발적 비혼주의자가 늘고 있다. 비혼은 연애를 기피하는 것이 아님에도 오래도록 아무도 다가오지 않았다. 누구의 삶에도 뛰어들지 못했다. 마치 내가 섬인 양, 오래도록 기다림에 나를 묶어두었다. 모두가 잠든 밤은 물리적으로 있을 수 없기에, 사랑은 다시 오지 않을 것을 쓰면서 알았을 것이다. 그러니 사랑이 초현실로 표현될 수 있었지, 낮게 중얼거리게 된다.

파도가 높이 밀려올 때 말갈기 휘날리며 달려오는

한 마리 말을 보는 듯한, 바다만이 주는 영상이다. 역시 작가 고유의 시선으로 묘사했기에 가능한 문장이다. SF 판타지 애니메이션 장르로 귀결되는 지점이다.

"가사 딱 보는 순간 한경혜 가사네 했다." 제작자와 작곡가가 동시에 같은 말을 해줬던 작품이다. 팝+오페라를 더한 퓨전은 팝페라 장르를 만들어냈다. 음악 장르를 고려한 글쓰기이며 묘사에 집중했고 음악을 영화 장르로 치환하여 글쓰기를 꾀했다. 그 덕에 가사만 봐도 누구 글인지 짐작할 수 있게 됐다. 반갑고도 고마운 일이다.

묘사하지 않으면 허약하고 게으른 글쓰기를 할 수밖에 없다. 작가의 고유 시선과 세계관을 드러내는 것이 글쓰기의 최종 목표이다. 그러므로 끝없이 세상을 해석하고, 묘사하라.

갈등은 곧 긴장감이다.

캐릭터를 벌려놓을수록 이야기는 커진다. 캐릭터의 간격이 멀수록 이야기는 흥미진진해지고 팽팽해진다. 갈등은 치고, 박고, 다투는 것이 아니라 현상을 키우는 것이다. 인물 간 상황과 조건/갈등을 되도록 많이 벌려 놓는 것이다.

유유상종의 인물 간에는 할 이야기가 별로 없음은 물론 별 흥미도 생기지 않고 긴장감도 생기지 않는다. <로미오와 줄리엣>이 원수 집안의 아이들이 아니었으면 그토록 위대한 사랑 이야기가 탄생할 수 있었을까? <신데렐라>가 재투성이 아가씨가 아니라 왕자에 버금가는 이웃 나라 공주였으면 왕자가 그토록 애타게 구두의 주인을 찾아 헤맸을까? 그들의 사랑이 그토록 아름답게 보였을까?

인피니트의 <내꺼 하자>가 그토록 오랜 시간 혼자 짝사랑해온 시간이 없었다면 "내 것 하자"는 호소가 그토록 강렬하지 않았을 것이다. 친구의 애인을 사랑하며 오랜 세월 눈물짓고 포기하고, 친구가 버린 애인을 마침내 사랑으로 맞았기에 타샤니의 <경고>는 강력한 한 마디가 된다. 몰래 품고, 포기하기도 했던 주인공/화자가 사랑을 지켜낼 수 있길 응원하게 되는 건 갈등을 키웠기 때문이다. 헤어지기 싫어 안절부절못하는, 갈등을 키웠기에 <벌써 12시>는 주인공들의 행보에 집중하게 된다.

사랑을 쟁취하고 싶은 강력한 희망은 둘 중 하나를 고르라면서 <Yes or Yes>를 선택지로 내민다. 기분 좋은 긴장감이 노래를 즐기게 한다.

의미의 비유, 말의 비유를 통해 의미를 확장한다.

표현하고자 하는 대상을 다른 대상에 비유하여 표현하는 수사법을 통칭하는 게 비유법이다. 우리가 알고 있는 모든 수사가 전부 비유에 해당한다. 대위법과 마찬가지로 모순/상반되는 단어들을 연결하여 느낌을 강조하는 행위인데, 관용구로 써온 숙어엔 모든 수사법이 동원된다. 낱말과 낱말이 결합할 때 의미는 확장되고, 귀는 더 크게 열린다.

아름다운≠구속/반어법

사랑은 가질 수 없을 때≠더 아름답다/모순 형용 어법

블루≠크리스마스/대립, 모순 어법

두 볼에 흐르는 빛이 정작으로 고와서≠서러워라/대조, 모순 어법

너를 사랑이라 하면≠너는 그 사람을 향한다/대구,

대치 어법

아무도 없다 해도≠외로움 난 몰라요/대구, 모순 어법

일 년 뒤에도, 그 일 년 뒤에도/유사 반복, 열거

너 없이 살 수 있을까/설의법

대답 없는≠외침/역설법

나를 버리기로 한 것, 정말 잘했어/반어법

사랑이 아프구나, 이렇게나 아프구나/영탄법

가사 문장이 풍성해지는 비결은 어디에나 있다. 소설 속 문장, 영화 속 대사(臺詞·臺辭), 한 줄의 시, 일상의 수다 등등 언어를 사용하는 곳이라면 있다. 특히 교과서에 수두룩하다. 비유를 활용하는 일은 근본에 충실하여 가사를 쓰는 일이다.

원관념과 보조관념은 같은 질량이다.

비유법의 하나이지만 챕터를 따로 만들 필요가 있어 나눈다. 비유할 때 원관념과 보조관념/매개어와 취의어의 질량이 같을 때 문장으로 성립한다. A는 B다로 이야기할 때 주로 사용하는데, 은유에서 파생한 것으로

체계적 메타포는 이미 일상어로 굳어 있기도 하다. 아래 4, 5 두 개의 문장은 창조적 메타포로 칭한다.

①너는 그리움이다.

②생각의 바다에 잠긴다.

③불타는 청춘.

④나는 너의 해바라기이다.

⑤이별 후 나의 계절은 겨울이다.

이처럼 흔하게 알면서 지나친 것들을 돌아보고 메모하여 수집하면서 문장을 확장할 필요가 있다. 새로울 것이 없을 때 조금만 성실하면 취할 수 있는 문장들이다. 이러한 문장은 귀에 남아 가사로써 생명력을 연장해 주거나 첫인상을 긍정적으로 포장하여 상업성을 획득하도록 하는 일등공신이 된다.

선선한 가을바람 불면 별을 헤아리곤 했지

숲과 벗을 삼고서 밤하늘 품던 우리

몇 해 만에 찾은 오색 숲 여전히 아름답지만

너 없이 혼자란 현실에 마음이 시려 와

밝은 별이 없기에 더 좋아했던 가을밤
밤하늘 헤아리던 너의 웃는 얼굴이 선해

나를 향해 쏟아질 것만 같은 옅은 빛들
까만 밤을 수놓은 별들이 말을 걸어와
너는 아픔 없는 곳에서 행복하다고
부디, 나도 행복하길 바란다고

<희미한 반짝임> 중

<희미한 반짝임>은 데모 음악을 놓고 완성한 작품이다. '선선한 가을바람'에서 '가을바람'이 원관념이 되고 '선선한'이 보조관념이 된다. '까만 밤을 수놓은 별들이'에서 '별'이 원관념이 되고 '까만 밤을 수놓은'이 보조관념이 된다. 아주 단순한 비유법을 썼고, 이렇게 관습적으로 써온 말을 기계취라고 한다. 그러나 작품 전체를 지배하는 분위기/언술의 수위가 일정하고 지배적 인상을 구축하여 작가 고유의 분위기를 만들었기에 넘어가기로

했다. '숲/오색'과 '빛/나를 향해 쏟아질 것만 같은'이 서
정적 분위기를 견인한다.

저 푸른 바다 끝까지 말을 달리면

소금 같은 별이 떠 있고

사막엔 낙타만이 가는 길 무수한 사랑

길이 되어 열어줄 거야

<나에게로 떠나는 여행> 중

이 작품도 원관념과 보조관념이 드러난다. '별/소금
같은'이 그러하다.

작품 전체를 놓고 보는 방법도 있다.

아무도 없다 해도 외로움 난 몰라요

사랑도 세상도 모두 내 꿈에 살죠

기다릴 그대 있어 지금을 난 견뎌요

내 안에 그대와 이별 없는 곳에서

같은 시간 속 같은 추억을 이젠 나눠요

너무 먼 곳에 있지 않기를 기쁨에 그날이

그대 내게 오는 날 숨겨온 눈물 지워

그대와 남은 건 오직 사랑뿐이길

<그대 내게 오는 날> 중

    이 작품의 원관념은 언젠가 다가올 '사랑'이고 보조관념은 '기다림'이다. 외롭지 않다는 강조는 기다림이 이루어질 거라는 확신이기에 늦지 말라고, 권유적 진술을 한다. 다가올 사랑은 확정된 미래이기에 맹세도 한다. 원관념과 보조관념이 유기적으로 엮여 있을 때 '사랑=기다림'의 상징도 드러나게 된다. 또한, 아무도 없어도 외롭지 않다고 강변하는 화자이기에 사랑 앞에서 '오직' 사랑뿐이길, 기원한다. 긍정적 캐릭터의 성질도 변형되지 않고 완결된다.

    비유는 귀로 독서하게 하는 방법이며, 제한된 글쓰기 속에서 효과적으로 주장하는 방법이다. 음악에 따라, 캐릭터에 따라, 진술의 분량에 따라 가장 알맞은 것을 취하는 것은 작가의 선택이며 능력이다.

4. 장르적 글쓰기를 한다

- 글의 성격을 대변하는 동시에 플롯, 캐릭터, 시점을 규정한다.

캐릭터 중심의 가사 쓰기.

인물은 자기 고유의 정서를 간직한 채 그 정서에 규합하는 핵심경험의 반응으로 완성된다. 그러므로 인물에게 가장 잘 어울리는 사건을 만들어 상호 작용하도록 해야 한다. 이때 반응/리액션의 차별화를 통해 인물을 새롭게 하는 것은 작사가에게 주어진 일종의 사명이다. 비틀어서 낯설게 하면 익숙한 듯 새로운 인물과 만날 수 있다. 명심할 것은 매력적인 주인공/인물이 주체가 되어 이야기를 이끌어갈 때 이야기는 흥미진진해진다는 것이다. 신화 속 인물과 잘 알려진 영웅은 문학과 영화에 자주 소환된다. 가사로서도 좋은 소재이다.

　<J에게>, <경아>, <진이>, <옥경이> 등등의 작품이 캐릭터 중심의 가사이다. 형식 면으로 봤을 때 그렇다. 와중에 <10 minutes>가 돋보인다. 인물 중심으로 한 사건에 초대받은 청자는 '10 minutes'가 실현되길 바라고 믿는다. 아슬아슬하게.

　가사의 주류를 이루는 사랑, 이별, 그리움, 기다림, 첫만남, 고백, 재회 등등이 인물의 핵심경험으로 들어온다. 또한, 핵심경험을 다루는 음악의 장르에 따라 인물을 다루는 태도 또한 달라지는데 댄스, 발라드, 록, 재즈, 힙합 등등의 음악과 어울리는 인물을 창조해내는 것, 다시 말해 핵심경험에 대한 리액션을 새롭게 하는 것이 인물을 창조해내는 한 방법이다. 인물이 새로울수록 이야기는 흥미진진하다.

　인물에 따라 액션, 판타지, 모험, 추리, 멜로 등등의 성격이 규정되는데 장르에 대한 이해 없이 하나의 아이디어/소재가 가사가 될 수 있다고 믿을 때 오류가 발생한다.

마룬5의 <Goodnight Goodnight>은 지켜내지 못한 소녀/딸을 보며 괴로워하고 절규한다. 자살 실행을 목전에 둔 자의 울부짖음을 통해 인물의 핵심경험에 대한 선택/리액션이 결정된다. 이때 인물은 완성된다. 퀸의 <We are the champion>은 승자도 패자도 모두 챔피언이라고 말하는 화자를 통해 진정한 챔피언이 누군지 알게 되고, 히어로의 탄생을 보게 된다.

댄스곡의 대부분은 헌팅, 부킹, 유혹, 삼각관계 등등의 디지털적이고 패스트적인 정크문화를 핵심경험으로 내세운다. 음악의 요구가 그러하다. 특히 댄스, 일렉트로닉, 아이돌 음악에서 캐릭터 쇼를 하겠다는 의지에서 출발하는 작품들이 많다. 보편적으로 그 작품들 역시 길을 잃기 쉬운데 내러티브를 구축하는 사이에 인물을 놓치거나 핵심경험을 내세우느라 정작 인물은 뒷전인 경우가 그러하다.

인물이 겪는 핵심경험이 이별일 때 시간은 아침이고, 장소는 어느 거리이고, 이별을 통보받기 전에 인물은 오늘의 데이트 계획을 짜고 있었다고 치자. 혹은 어느 정도 이별을 예측하고 나왔다고 치자. 혹은 이제 막 사랑을 시작하는 단계라고 치자. 어느 경우의 수를 선택하든, 그 선택에 따라 인물의 리액션은 달라지고 그 핵심경험을 통해 인물은 능동적으로 움직이게 된다. 이 모든 것들이 조화를 이룰 때 가사는 한 편의 작품으로 완성된다.

영화, 소설, 가사, 토크쇼, 역사물 등등 세상의 거의 모든 이야기는 인물이 만들어간다. 인물 없는 이야기는 없다.

<허클베리 핀의 모험>, <빨간 머리 앤>, <홍당무>, <지킬 박사와 하이드> 등등이 문학에서는 가장 좋은 캐릭터 중심의 이야기이다. <시네마 천국>, <터미네이터>, <나 홀로 집에>, <캡틴 아메리카> 등등이 영화 속 캐릭터 중심의 이야기이다. 이들 인물은 캐릭터 쇼를 하며 이야기 전체를 이끌어간다.

사건 중심의 가사 쓰기.

사건에 대한 오해와 이해를 먼저 짚을 필요가 있다. 앞에서도 말했듯이 사건은 크고 작은 모든 것을 말한다. 가사 장르에선 만나고, 헤어지고, 그리워하고, 기다리는… 모든 것이 사건이다. 사건은 인물의 개입에서 이루어지고 사건의 해결은 시간의 개입에서 이루어진다.

일상의 모든 것을 현미경으로 들여다보면 사건이 된다. 숨 쉬는 일조차 사건일 수 있다. 인물과 조화를 이룬다면 그렇다. 기적은 25시에 있는 것이 아니다. 웜홀에 있는 것도 아니다. 삶의 어느 한순간, 우연히 맞닥뜨리는 것이다. 하루 스물네 시간 사이, 일상의 어느 한순간을 비집고 들어오는 것이 기적이다. 기적은 역시 마찬가지로 크고 작은 모든 것이 대상이다.

프레디 머큐리가 노래한 <Barcelona>는 사랑하는 연인과 함께 있는 비바 바르셀로나를 그린다. 연인과 바르셀로나에 갔다는 사실 자체가 사건이 되고, 이 사건의 한 가운데에서 비바!를 외치는 순간 사랑은 기적이 된다.

예전의 가사는 정한에 젖은 화자가 독백으로 점철하는 경우가 많았다. 그러다가 화학적 반응이 폭발하는 너와 나의 이야기가 주류를 이루었고 90년대 말 들어서 삼각관계, 사각관계를 쓰기 시작했다. 시대의 영향이고 동시에 시대를 살아내는 인물의 변화에 대응한 것이다.

다각화한 관계를 설정하면 상호 호환하는 인물의 내/외적 갈등이 벌어진다. 그럴수록 결론의 카타르시스가 커진다. 셰익스피어의 4대 비극<햄릿>, <리어왕>, <오셀로>, <맥베스>에서 출발한 비극적 이야기, <로미오와 줄리엣>으로 대표되는 원수/원수 집안의 사랑 이야기, 신분 상승의 판타지가 있는 신데렐라 콤플렉스, 그리스 로마 신화에서 출발한 오이디푸스콤플렉스와 복수, 영웅, 근친상간 등이 인류가 사용해온 이야기의 원형으로 알려져 있다. 이 이야기들의 공통점은 갈등을 최대한 벌려놓은 데 있다. 이 이야기들은 스타일을 바꿔가며 지속하여 쓰였고 앞으로도 쓰일 이야기이다.

감히 그녀를 사랑한다고 고백하는 <고해>나 이룰 수 없는 사랑에 상처를 줄 수 없어 돌아가지 못하는 <보고싶다>, 사랑을 지키기 위해 전부를 거는 <으르렁>은 갈등을 크게 벌려놓고 그 안에서 태도를 정하는 인물을 통해 이야기가 완성된다. 사건에 딱 맞는 인물들을 채워놓은, 사건/플롯 중심의 가사로 참고할 만하다.

코미디 중심의 가사 쓰기.

풍자와 해학, 유머와 익살, 아이러니를 통해 의식을 드러내는 가사 쓰기이다. 반복과 전복, 과장의 장치를 사용하여 희극적 분위기를 만들어내야 하는데 그러기 위해선 캐릭터/인물을 먼저 만들어 낸 뒤 상황에 적응시키는 것이 좋다.

세상에서 제일 쓰기 힘든 장르가 코미디라는 말이 있다. 그만큼 작가들의 수고와 노력을 요구하는 장르인데 가사에선 비교적 수월하게 코미디 중심의 가사들을 만날 수 있다. 영웅이 없는 이 시대를 풍자한 노라조의 <슈퍼맨>이 그 하나이고 노라조의 <변비> 역시 가면의 화자를 내세운 익살과 아이러니의 가사이다. DJ DOC의 <DOC와 춤을> 역시 코미디 중심의 가사에 해당한다. DJ DOC의 <삐걱삐걱> 역시 정치와 사회를 풍자한 해학적 요소가 충분한 가사이다. 중간중간에 과장의 장치가 사용되어 가사의 성격이 명확해진다. 형식과 격식에 얽매인 현대사회를 가수의 악동 이미지/캐릭터를 내세워 풍자와 해학을 이룬 가사이다.

술탄 오브 디스코의 <탱탱볼>을 듣고 빵 터지지 않을

수 있을까?

　과장된 캐릭터, 가수의 희극적인 무대 의상과 매너에 덧붙인 가창력은 유머와 익살을 드러내는데 거침없다. 상당히 익살스럽고 재치 있는 글쓰기를 했으나 음악이 너무 길다 보니 뒤로 가면 힘이 빠진다.

5. 낯설게 하기 [3]

- 새로운 문장, 생소한 표현, 새로움이 필요하다.

흥미와 긴장감을 유발하기 위한 낯설게 하기.

일상화되어 있는 보편타당한 이야기를 보편타당한 방식으로 서술할 때 익숙함은 바로 친근함으로 대체되어 작품에 쉽게 접근하지만 이내 지루함을 느낀다. 흥미와 긴장이 이야기 말미까지 이어지려면 새롭게 서술하는 방법이 필요하다. 일종의 지루함을 극복하는 가사 쓰기가 필요한 것이다.

녹음실에서 신곡을 녹음할 때 자주 쓰던 농담이 있다.

---

3) 러시아 형식주의의 주된 문학적 수법. 슈클로프스키(Shklovsky, V.)가 주장했다.

신곡 녹음을 듣던 매니저/제작자는 한마디 한다. "오우, 터지겠는데!" 반색하여 작곡가와 가수가 묻는다. "그쵸? 터지겠죠?" 그러면 매니저/제작자는 시니컬하게 답한다. "속 터지겠다고." 연대기적 순서를 뒤바꾼 서술의 형태로써, 마지막 대화에 이르러야 진의를 알게 된다.

(정글짐) 여긴 전쟁이야 (정글짐) 다 꼭대길 원하지
(정글짐) 따라가고 싶진 않아 정상을 딱 찍었으니 날아다닐래

예문 8

작가에게 정글짐은 칸마다, 층마다 나뉜 것이 계급으로 보이기 쉽다. 몇 평에 살고, 무슨 차를 타고, 어떤 직장에 다니며, 연봉은 얼마인지, 학교는 어디를 나왔는지, 객관화한 수치를 내세워 칸마다 사람들을 세워 놓고 일종의 계급을 정해놓는 것, 병리적인 사회의 단면이기도 하다. 게다가 정글짐의 맨 꼭대기는 올라야 할 목표가 되는, 이러한 시선은 새롭지 않다. 상승을 꿈꾸며 올라야 할 대상이 정해지면 과정은 전쟁이 되고, 경쟁이 되는 현상은 고착된 생각 탓이다. 이대로 쓰는 게

좋은가, 묻지 않을 수 없었다.

> (정글짐) 신나게 오르지 (정글짐) 걱정 따윈 다 잊고
>
> (정글짐) 재미있게 놀다 보면 어느새 딱 정상이야 기분 최고야
>
> 예문 8-1

삶은 즐기는 사람을 이겨낼 수 없다는 말을 증명해내는 것으로 고쳤다. 신나게 오르는 순간 삶은 정말 어떤 고민 없이, 초등학교 운동장에서 놀이로 오르던 정글짐이 된다. 단순히 물리적 개체로 인식한 정글짐은 "어느새 딱 정상"인 지점에서 삶으로 치환된다. 많이 좋아졌다. 기계적 진술을 벗어나니 새롭고, 이 지점에서 낯설게 하기는 성립한다.

고친 작품에 여전히 불만인 지점은 꼭 정상에 오른 것으로 썼어야 했는가이다. 중간지점 어디, 혹은 막 한 계단을 오른 상태인 채로도 기분이 좋을 순 없는가, 성취의 목표는 왜 꼭 정상이어야 하는가, 성취를 강요당하는 삶을 제거해낼 순 없는가, 몇 개의 질문이 남은 탓이다.

더 빨리 많은 것을 나누려고 할수록

급한 이별이 온다는 걸

사랑하면 사랑한단 이유만으로

더 작은 것도 아름답게 느낀다는 걸

난 소소하고 미미하게 아끼며 하는 사랑

마냥 모른 채 살았지 난

서둘지 말란 너의 당부 끝내는 지칠 거라던

반복의 반복에도 몰라 어리석던 나는

기어코 네가 떠나가고 이제야 깨달은 그것

일부러 애쓰지 않아도 매 순간 사랑인걸

예문 9

    작은 것에 만족할 줄 모른 채 급하게, 더 많은 걸 원했던 사랑이 종결된 후 깨달음을 쓴 가사이다. 흔히 표현하는 시중 언어가 아닌 '소소하게 미미하게'라는 쉬우면서도 자주 소환되지 않았던 결합의 숙어가 새롭다. 그저 함께 있음으로, 아무것도 하지 않아도 사랑이라는 진술 역시 새롭다. 구성에서 이야기했듯이 시간의 불일치로 깨달음을 앞에 놓고, 회상의 형식으로 나는 왜 이러한 이별에 놓여있는가를 설명했다면 더 좋지 않았을까, 원인을 '옆으로 빼놓기' 했더라면 조금 더 새롭지 않았을까, 아쉬움이 남는다.

'낯설게 하기' 형식을 지켜내진 못했으나 적어도 문장이 품고 있는 새로움/낯선 것은 지켜주고 싶었다.

차가운 얼음 도시 사람들은 답이 없지

마음은 울고 있고 차가움에 상처 받지

알고 있니 넌 지친 너의 모습

한때는 따스했지 반짝이는 꿈을 품고

티 없는 웃음으로 세상 속을 누볐었지

작고 귀여운 너를 찾아가 봐

네 맘속 그 영원한 네버랜드 찾아서

여기로 와 내 손을 잡고 너의 맘을 녹여봐

So Go back Go back 어린 날의 마음으로

예문 10

<피터팬의 속삭임>이라는 제목을 달고 제출된 작품이라고 굳이 설명하지 않아도 독자들은 위 예문이 '피터팬'에서 출발했음을 알았을 것이다. '피터팬 증후군'과 연극 속 가공의 나라 '네버랜드'를 버무려 썼는데, 이미 일반화되어버린 해석을 반복했다. 기계적인 진술을 답습한 채, 새로운 '무엇' 하나가 보이지 않았다. 새로워질 무엇도 보이지 않았다.

　　세상의 이야기는 네 가지 결말을 갖고 있다. 이 네 개의 결말은 새로울 수 없이 불변이다. 해피엔딩, 새드엔딩, 오픈엔딩, 쉐도우엔딩이 그것이다. 이 네 개의 결말은 장르에 따라 미리 짐작할 수 있다. 장르와 엔딩은 인물의 핵심경험과 유기적일 것이므로 충분히 알 수 있는 것이다. 최루성 멜로일 때 슬픈 결말을 맞을 것은 뻔하다. 로맨틱 코미디일 땐 주인공이 사랑을 이룰 것을 알고 있다. 어드벤처, 추리, 스릴러, 액션, 판타지… 등등 장르는 다르지만, 인물이 무슨 일을 하느냐에 따라 결말은 스포일러 당하지 않아도 알게 된다. 그러나 장르가 담보한 결말을 비트는 영화, 소설, 가사들이 이젠 제법

눈에 띈다. 더 새로울 것이 없을 때, 결말을 비트는 것으로 새로움을 확보하는 것은 영리한 글쓰기가 된다.

예문 10으로 돌아와, 화자는 신조어 '어른이'로 살고자 하는, 어른이 되었어도 여전히 자립하지 못한 채 네버랜드를 꿈꾼다. 내게는 너무도 서늘한 세상을 진술하고, 아무것도 책임지지 않아도 행복했던 어린 시절, 이루어질 수 없는 꿈의 네버랜드로 가자고 공허한 외침을 하는…, 관습적인 글쓰기를 했다. 결말이 달라지는 것으로 새로울 수 있을까, 살폈으나 그것마저도 보이지 않았다. 하여 버리도록 했다. 몇 번을 고쳐서 완성해도 전혀 새로울 것 없는 작품에 시간을 들이는 수고 대신 다른 소재로 다른 가사를 쓰는 게 현명했으므로.

가사는 하루 쉬면 열흘 전으로 돌아간다.
하루도 쉬지 말고 음악 듣고, 쓰고,
스스로 합평하여 필터링할 수 있기까지
반복해야 한다.

—

글을 마치며

—

자, 이제 모든 과정을 끝냈다. 열심히 고치고 고쳐 스무 작품 정도 퇴고도 했다. 그럼 이제부터 무얼 하지? 어떻게 시작하지?

세상은 내가 있음을 알지 못한다. 내가 가사 쓰는 것을 아는 사람은 내 주변의 몇몇 사람에 불과하다. 그 몇몇 사람이 작곡가이거나 제작자라면 행운이지만 내가 작사가를 희망하는 사실을 아는 사람은 작곡가가 아니다. 제작자도 가수도 아니다. 그럼 어떻게 하지? 별다른 수가 없다. 작사가가 되는 일은 내 이름을 브랜드로 내세워 회사를 차리는 일이다. 회사가 자리 잡기 위해선 팔릴 만한 좋은 물건을 들고 홍보를 다녀야 한다. 스스로 로비스트이자 영업사원이 되어야 한다.

기획사로, 가수에게로, 작곡가에게로 습작한 작품들을 메일로 보내고 답을 기다려야 한다. 이때 가수가 발표한 곡, 기획사가 제작한 곡을 놓고 연습한 가사를 보내는 것이 하나의 방편일 수 있다. 음악을 장악하고 있는 그들에게 새로운 해석을 내보이는 것은 괜찮은 도전이다. 내 경우, 한 번 더 읽게 되긴 했다. 가사 공모전을 찾아다니며 응모해야 한다. 그러는 동안 하루도 쉬지 않고 연습해야 한다.

가사는 하루 쉬면 열흘 전으로 돌아간다. 하루도 쉬지 말고 음악 듣고, 쓰고, 스스로 합평하여 필터링할 수 있기까지 반복해야 한다. 할 수 있는 모든 방법을 동원해 문을 두드리고 다니라. 두드리면 열릴 것이니, 열 번 찍어 안 넘어가는 나무 없으니, 격언과 명언을 내 삶에서 증명하는 일이 작사가의 시작이다.